El Libro de Melquisedec

Antiguo texto escrito por Melchizedek.

Rollos apócrifos de Qumrán.

Contenido

El Libro de Melquisedec:

Este texto es también llamado: El Gran Rollo de Melquisedec, ya que en su estado original está compuesto por siete rollos cosidos entre sí.

El Libro de Melquisedec es un manuscrito hallado entre los rollos del Mar Muerto, específicamente de la Cueva Once. La historia es una revelación que Melquisedec recibió por medio de "un ángel luminoso" o ángel de Luz, y la cual estuvo él registrando en esos rollos durante seis años.

Este manuscrito es un comentario desde una perspectiva apocalíptica del año del Jubileo según Levítico capítulo veinticinco. Este texto está escrito originalmente en el idioma hebreo, y su fecha de escritura se ubica en el siglo I antes de Cristo.

Melquisedec, rey de Salem, es uno de los personajes más importantes de la literatura sagrada. Es supremamente interesante, su aparición en el Libro de Génesis capítulo catorce, y luego como la Epístola a los Hebreos lo presenta como una Cristofania.

Es entonces, Melquisedec, un enigmático personaje, que también es citado en el Libro de Jaser, a través del cual se pueden comprender mucho más la naturaleza y misión del Mesías.

En el siguiente texto encontrarás temas como:

Introducción al Libro de Melquisedec.

El principio de la creación.

Creación y traición de Lucifer.

La Teoría del bien y del mal expuesta por Lucifer.

El Edén, Adán y Eva.

Los planes de Lucifer revelados.

La caída de Adán y Eva, y el rescate.

Los sacrificios de los corderos.

Melquisedec desde la perspectiva bíblica.

Principio de la vida.

Revelaciones del Edén.

Capítulo 1: El principio de la creación.

En el tiempo anterior a la existencia de una estrella que brillara, antes de que existiesen los ángeles que cantan, ya estaba el cielo, morada del Eterno, único y perfecto Dios. Pleno en sabiduría, gloria y amor. Vivió una eternidad antes de llevar a cabo su hermoso sueño, en la creación del vasto Universo.

Con gran amor fueron diseñados los innumerables seres que componen toda la creación. Desde el más pequeño elemento hasta las más grandes galaxias del Universo, todas estas cosas merecieron su completa atención.

Como Aquel que ama la música, Dios planeó el Universo como una inmensa orquesta, que bajo su dirección sonaría con los armoniosos acordes de paz y justicia, por eso, compuso para cada criatura una hermosa canción de amor.

El Eterno Dios rebozaba de felicidad, ya que sus anhelos y sueños estaban por realizarse. Moviéndose con majestad y gloria, él comenzó Su obra de creación.

Las manos del Creador moldearon primeramente un mundo de luz, y sobre él una montaña que resplandecía sobre la cual estaría establecido por todos los siglos el trono del Universo.

Dios le puso por nombre al monte sagrado: Sión. El Eterno hizo brotar del cimiento del trono, un río cristalino y hermoso, el cual representaba la vida que de Él manaría hacia todas las criaturas que había hecho.

El Eterno creó un lindo paraíso como sala, este hermoso paraíso se extendía por centenares de kilómetros alrededor del monte Sión. Al paraíso le puso por nombre: Edén.

En la región del sur del paraíso, en ambos márgenes del río de la vida, se construyeron muchas mansiones adornadas de piedras preciosas y resplandecientes, que se destinaban a los ángeles, los cuales son los ministros del reino de la luz.

Alrededor del hermoso Edén y de las mansiones angelicales, Dios edificó un gran muro de piedra de jaspe resplandeciente, a lo largo de su extensión podían verse los grandes portales de perlas brillantes.

Con gozo, Dios miró la anhelada ciudad Capital, la cual resplandecía como una novia engalanada, dispuesta y ataviada para recibir a su marido.

Con amor en su corazón, el Eterno le puso por nombre: Jerusalén, la Ciudad de la paz. En aquel momento, Dios se preparaba para darle vida a la primera criatura completamente racional. Su deseo era traer a la existencia un ángel lleno de gloria, de mayor honra que todos los demás.

Estaría adornado con el resplandor de piedras preciosas, su morada sería el monte Sión, y actuaría como el representante del Rey de Reyes ante todo el vasto Universo.

Impulsado por su inmenso amor, el Eterno Creador empezó a hacer el primogénito de todos los ángeles. Mientras lo formaba, utilizó toda su sabiduría para hacerlo perfecto, y con sumo amor le concedió la vida.

Aquel ángel hermoso y vestido de gloria, como quien despierta de un sueño profundo, abrió sus ojos y miró el rostro de su Creador. Con sumo gozo, el Eterno Dios le enseñó las bellezas del hermoso paraíso, le habló de sus planes, los cuales empezaban a concretarse.

Mientras era llevado al lugar de su habitación, al lado del trono, el príncipe de los ángeles estaba sumamente agradecido y, con voz melodiosa, levantó su cántico primero de alabanza.

Ante los ojos del precioso ángel, y desde las alturas de Sión, se descubría la ciudad de Jerusalén en su inmensidad y esplendor. El río de la vida, al deslizar sereno por en medio de aquella ciudad, era semejante a una larga avenida, el río reflejaba las bellezas y esplendor del jardín del Edén, también el brillo y hermosura de las mansiones angelicales.

En aquel momento, el Eterno empezó a enseñarle acerca de los principios que iban a gobernar el reino universal, mientras lo envolvía con su manto de luz. Eran las leyes físicas y morales que deberían ser respetadas en toda la extensión del gobierno del Eterno Dios.

Dejando claro que las leyes morales estaban resumidas en dos principios básicos: Amar a Dios sobre todas las cosas, y amar al prójimo como a Sí mismo.

De esta manera, cada criatura racional debería ser un canal por medio del cual el Eterno pudiese derramar a otros su vida y su luz. De esta manera, el Universo iba a crecer en armonía, gozo y paz.

Otro aspecto que enseñó el Eterno, es que en el reino divino, las leyes no serían impuestas con tiranía, por eso los súbditos serían libres.

El obedecer debe nacer en un corazón espontáneo, en un gesto de reconocimiento y gratitud. Teniendo en cuenta que en este reino de libertad, la desobediencia también sería una posibilidad, y la consecuencia de dicho comportamiento, consistiría en el vaciamiento de las fuerzas de vida.

Al terminar el Eterno de revelarle al hermoso ángel las leyes y principios de su reino, le confió una misión de suma responsabilidad: Él sería el protector de aquellas leyes, y por supuesto, debía honrarlas y revelar al Universo listo para ser creado.

Además, debía con su corazón lleno de amor por Dios y por sus semejantes, ser un modelo y ejemplo de perfección: sería Lucifer, el ángel portador de la luz. Sería el príncipe de los ángeles.

Siempre agradecido por todo, el hermoso ángel se postró ante el amoroso Rey, prometiéndole su eterna y constante fidelidad. Después de estas cosas, el Eterno continuó con Su obra de creación, trayendo a la existencia a innumerables huestes angelicales, siendo estos ángeles los ministros del reino de la luz.

Para aquel tiempo, la santa Ciudad fue poblada por aquellas resplandecientes criaturas, las cuales felices y llenas de gratitud, reunían sus voces en hermosos cánticos de alabanza al Eterno Creador.

De ese modo, Dios trajo a la existencia el Universo, el cual lleno de vida y en torno del trono del Eterno giraría, teniendo como fundamento a Sión. Entonces, seguido por sus ministros se dirigió hacia la maravillosa realización.

El Eterno contempló el inmenso vacío, y levantando sus poderosas manos, ordenó la realización de las diversas maravillas que vendrían a conformar el Cosmos.

Como poderoso trueno, su orden y su voz, salió con poder por todas partes, generando así, como por encanto, innumerables galaxias, llenas ellas de diversos mundos y muchos soles; hermosos paraísos, llenos de vida y gozo, surgieron también; todo esto giraba en perfecta armonía entorno del llamado monte Sión.

Al observar esta poderosa y hermosa obra del supremo y eterno Rey, se postraron todas las huestes de los ángeles, levantando en alta voz un cántico de triunfo, el cual fue por todas partes como un saludo de vida.

En aquel momento, todo el Universo creado se unió también a este cántico de gratitud, expresando en promesa su eterna fidelidad al Eterno Creador. Dirigidos por el Dios, los ángeles empezaron a conocer las grandes riquezas del Universo.

En aquella excursión sideral, todos estaban admirados ante el inmenso tamaño del reino de la luz; y por todas partes ellos podían ver y hallar mundos habitados por criaturas llenas de gozo que los recibían en fiesta y alegría. Los ángeles nos saludaban con cánticos que expresaban las buenas nuevas de aquel inmenso y glorioso reino de paz.

Podían todas las criaturas demostrar su amor al Eterno Creador, mediante la libertad de escoger, la cual preciosa como la vida misma, era un asunto que exigía una prueba de fidelidad.

Precisamente, con el objetivo de enseñarlo, el Eterno dirigió las huestes por entre el espacio lleno de luz, hasta llegar muy cerca de un abismo de tinieblas que contrastaba con el inmenso brillo de las hermosa y grandes galaxias.

A la distancia, aquel abismo se había revelado insignificante a los ojos de los ángeles, como un punto muy pequeño sin luz; pero, a medida que ellos se aproximaban, se mostró en su verdadero y enorme tamaño.

El Eterno Creador, quien a cada paso iba revelando a los ángeles los misterios de Su reino de luz, estaba allí silencioso, como guardando para Sí un secreto.

Presente en aquel abismo, las tinieblas consistían en la prueba de la fidelidad. En aquel mismo momento, el Eterno Dios se volteó hacia sus huestes angelicales, y afirmó:

"Todos los tesoros de la luz estarán abiertos y disponibles a vuestro conocimiento; menos los secretos ocultos por las tinieblas. Vosotros sois libres para servirme o para no hacerlo. Amando la luz estaréis ligados a la Fuente de la Vida".

De este modo, con estas palabras, el Eterno hizo separación entre la luz y las tinieblas, entre el bien y el mal. Así pues, el Universo estaba en libertad para escoger y decidir su destino.

Capítulo 2: Creación y traición de Lucifer.

Al anhelado sueño del Eterno, Creador de todas las cosas, cada vez tomaba más forma. Como Padre lleno de amor, dirigía a todas sus criaturas a través de una eternidad plena de paz y armonía; y cumpliendo las leyes divinas, el Universo mismo crecía en gloria y felicidad.

Las criaturas racionales, aquellas que habían recibido la capacidad de un desenvolvimiento sin fin, hallaban un placer imposible de describir, en aprender las infinitas riquezas de la sabiduría del Eterno, la cual transmitían a sus semejantes. Venían ser instrumentos a través de los cuales la Fuente de la Vida Eterna alimentaba a todo con luz y amor.

En la ciudad de Jerusalén, los ministros del reino divino venían ante el Rey soberano, dispuestos, como siempre, para cumplir con sus planes y mandamientos. El Eterno daba a conocer sus designios y propósitos a través del Lucifer. De manera que cuando éste recibía la revelación, la compartía con la creación de Dios.

En vuelo festivo y alegre, los ángeles iban a los planetas capitales, allí, en medio de grandes asambleas y reuniones venían los representantes de los otros mundos. Por lo general, en aquellas asambleas, Lucifer estaba presente, provocando gran admiración y alegría en todos los participantes. Con sus virtudes, simpatía y perfección, cautivaba a los presentes.

En todo aquel Universo, no había otro ángel que logrará revelar como él los misterios del eterno amor del Creador. El Universo, alimentándose de la Fuente de la Vida, crecía y se expandía en una eternidad de perfecta armonía y paz. La observancia y el obedecer las leyes divinas eran la base y cimiento de todo aquel progreso y felicidad.

En todo aquel vasto Universo, y aunque todas las criaturas eran conscientes de su libre albedrío, nunca había subido al corazón de alguno de ellos el deseo de apartarse de su Creador. Esto fue así, por largo tiempo, hasta que tal problema surgió en la vida de aquél que era el más íntimo del Dios Eterno.

Poco a poco, aquel que se había entregado a conocer los misterios de la luz, se sintió atraído por las tinieblas. El Eterno que todo lo sabe, el Rey del Universo, ante cuyos ojos nada ni nadie puede ser encubierto, acompañó con tristeza aquel caminar en descenso, sendero que lleva a la muerte.

En su comienzo, una curiosidad pequeña, pero mal sana, llevó a Lucifer a aproximarse a aquél abismo profundo y oscuro. Lucifer lo contempló, y empezó a indagar y a preguntar, el porqué de no poder entender aquel enigma y sus misterios.

En cierto momento, Lucifer, regresó a su lugar de privilegio y honra, al lado del trono, y allí se postró ante el divino Rey, a quien le dijo en medio de súplicas: Padre, permíteme conocer los secretos de las tinieblas, así como me revelas la luz.

Al escuchar la petición y ruego del ángel hermoso, el Eterno Dios, le respondió con tono triste: Hijo mío, tú fuiste creado y diseñado para la luz, que es vida.

De esta manera, Lucifer se convenció de que su Padre, el Creador, no le revelaría ni le enseñaría los tesoros de las tinieblas. Fue entonces, cuando Lucifer tomó la decisión de procurar entender por sí mismo el enigma y el misterio.

Lucifer mismo, se consideró capacitado para tanto. Con esta lamentable y triste decisión, el príncipe de los ángeles permitió que naciera en su corazón una mancha de pecado y rebelión que podría traer un desastre y una gran calamidad para el Universo entero.

Lo que estaba sucediendo en el corazón de Lucifer, sólo Dios lo conocía. Aquel ángel que había si creado para portar la luz, ahora estaba poco a poco separándose en sus pensamientos del misericordioso Creador, quien le rogaba que permaneciese a su lado, en un último intento para impedir el desastroso resultado.

En el corazón de Lucifer se empezó a presentar un fuerte conflicto interno, pues su anhelo por saber y conocer los propósitos y naturaleza de las tinieblas era muy fuerte.

Padecía en su interior, pues los ruegos del Padre bondadoso le recordaban que no deseaba perderlo. Al ver que su actitud generaba tristeza en el Creador, en ciertas ocasiones dejaba ver su arrepentimiento, pero luego volvía a caer en aquel mismo deseo.

Debido a su gran poder y sabiduría, el Eterno ya sabía, desde antes de la creación del Universo, que existía la probabilidad de una rebelión. Era muy grande el riesgo de conceder a las criaturas la libertad; pero, sin esta condición la vida no tendría sentido. Dios no deseaba reinar sobre maquinas programadas para hacer la voluntad divina.

La obediencia a él, debía nacer en corazones agradecidos y que reconocieran su bondad y amor, por eso escogió correr ese gran riesgo. Aunque era el propósito de Lucifer seguir buscando el sentido de aquellas tinieblas, no estaba pensando en abandonar la luz.

Lucifer procuraba llegar al estado en que para él era posible combinar aquellas partes, las cuales en el reino del Eterno Dios, coexistían separadamente. Por último, Lucifer impulsado con un sentimiento de orgullo y exaltación, concibió una teoría engañosa, la cual él procuraba mostrar al Universo, como un nuevo sistema de gobierno, superior al gobierno del Creador. El ángel puso por nombre a su teoría: "La ciencia del bien y del mal".

Esta teoría, estaba sustentada en la lógica, la ciencia del bien y del mal se reveló de manera atractiva a los ojos de Lucifer, parecía descubrir un estilo y sentido de vida superiores a aquellos que ofrecía el Eterno Dios, cuyo reino posibilitaba solamente el conocimiento experimental del bien.

En este nuevo sistema o teoría, existiría un equilibrio entre el bien y el mal, entre el amor y el egoísmo, entre la luz y las tinieblas. Con el transcurrir del tiempo, en el cual maduraba en su mente, la ciencia del bien y del mal, Lucifer sabría guardarla en secreto delante de todo el Universo. De manera, que este ángel permanecía en su puesto de honra, desempeñando el oficio como Portador de la luz.

Pero en realidad, aunque Lucifer se esforzaba por fingir, su semblante ya no revelaba alegría en servir al Eterno Dios. El divino Rey, que experimentaba tristeza, padecía en silencio; él procuraba, por medio de Sus maravillosas revelaciones de amor, preparar a las criaturas racionales para aquel momento de gran prueba que se veía venir.

El Eterno conocía de antemano, que muchas de sus criaturas prestarían sus oídos a la tentación, y le darían la espalda al Creador. Aquel tiempo difícil, aquella noche de la prueba haría sobresalir, sin embargo, a los fieles de verdad, es decir, aquellos que servían al Eterno Dios no por intereses propios, sino por amor a él.

Cuando llegó aquel momento, la hora de prueba, y el Eterno vio que Lucifer estaba listo para traicionarlo delante de todo el Universo, el Creador, que jamás había dejado de revelar y enseñar los tesoros de su sabiduría, entró en un estado de silencio y contemplación.

Aquel momento de inmenso silencio, trajo a memoria en el corazón de las huestes, el recuerdo de aquel primer viaje sideral; cuando, después de mostrarles las riquezas del reino de la luz, Dios se tornó silencioso y contempló aquel abismo.

Las huestes recordaron las palabras del Creador en aquel tiempo: "Todos los tesoros de la luz estarán abiertos a vuestro conocimiento, menos los secretos ocultos por las tinieblas. Sois libres para servirme o no. Amando la luz estaréis ligados a la fuente de la vida".

En aquel momento, Lucifer, quien había empezado a codiciar el trono del Eterno, le indagó la causa de su silencio. El Creador, mirándolo con gran tristeza, le habló diciendo: "Ha llegado la hora de las tinieblas. Tú eres libre para hacer según tus planes".

Capítulo 3: La teoría del bien y de mal expuesta por Lucifer.

Entonces, Lucifer, vio que había llegado el momento apropiado para propagar su teoría del bien y del mal. Inmediatamente, convocó a los ángeles para una reunión especial. Con gran anhelo, las huestes, vinieron para conocer el significado del silencio del Padre, tomaron sus lugares junto al magnífico ángel, Lucifer, aquel que siempre les había enseñado y revelado los tesoros del reino de la luz.

Ante todas las huestes, Lucifer empezó su discurso exaltando, como siempre lo hacía, el gobierno del Eterno Creador. En una amplia retrospectiva, les recordó las poderosas e inmensas revelaciones que los habían enriquecido en toda aquella eternidad y luz.

Y llegó el momento, en el que habló acerca del silencio divino, y lo expuso como siendo la señal o evidencia de que el Universo había llegado a la plenitud del conocimiento que provenía de la luz.

Por eso, guardando silencio, el Creador abría el camino para la compresión de misterios aún no soñados, revelaciones guardadas hasta entonces más allá de los límites de Su gobierno.

Las huestes, con gran asombro, recibieron el conocimiento de la experiencia de Lucifer acerca de las tinieblas. Con gran elocuencia y maravillosas palabras, les habló de la ciencia del bien y del mal, mostrándola como el nuevo camino de las mayores realizaciones.

El impacto de aquellas palabras fue muy fuerte, y pronto se hizo sentir en todo el Universo creado. La pregunta era decisiva y explosiva, produciendo por vez primera discordia. Las criaturas racionales, antes esta prueba, habrían de decidir por permanecer en el conocimiento de luz únicamente, el cual Lucifer decía haber llegado a su límite, adentrarse para conocer la teoría de la ciencia del bien y del mal.

En el principio, ante esta pregunta, los ángeles debatieron, pero posteriormente todo el Universo fue puesto a prueba. Daba la impresión, de que la nueva ciencia del bien y del mal habría de arrebatar la mayor parte de las criaturas.

Sin embargo, y poco a poco, muchas de las criaturas que al principio se empaparon con la teoría, reaccionaron de la ilusión que esta misma generaba, y más bien reafirmaron su fidelidad al reino de la luz.

Este conflicto duró largo tiempo, pero al final, se puso en evidencia que una tercera parte de las estrellas del cielo estarían al lado de Lucifer, y las demás, aunque preocupadas por la prueba, estaban al lado del Eterno Dios.

Entonces, la ciencia del bien y del mal fue proclamada por Lucifer como un nuevo sistema de gobierno; pero surgió la pregunta: ¿Cómo ejercerlo, si el Eterno continuaba reinando en Sión? Era necesario hallar un modo de quitarlo de ese lugar.

Este tema empezó a ser tratado, por el consejo, formado por los ángeles que decidieron rebelarse. Después de hablar del asunto, decidieron finalmente solicitarle al Eterno el trono por un tiempo determinado, periodo durante el cual podrían demostrar la excelencia y eficacia del nuevo sistema de gobierno.

De modo que al final, en el caso de que fuese aprobado por el Universo, el nuevo sistema sería establecido para siempre; y en caso contrario, el dominio del Universo regresaría al Eterno.

De esta manera, Lucifer, quien era acompañado por sus huestes, se acercó con arrogancia ante la presencia del Padre que había estado sufriendo, y le hizo aquella petición. El Creador no tenía ambición alguna, sólo deseaba para todas sus criaturas el bien. De modo que, si la ciencia del bien y del mal realmente trajera un bien mayor y para todos, él no se iba a oponer para la implementación, y cedería el trono a quienes defendían esta teoría.

Sin embargo, el Eterno sabía que aquel camino los llevaría a la infelicidad y su destino final sería la muerte. Impulsado por su inmenso amor protector, el Eterno no accedió a aquella petición de las huestes que habían tomado la decisión de rebelarse, las cuales se apartaron llenas de ira.

Ante aquella negación del Creador, las huestes rebeldes empezaron a acusar al Rey divino, pregonando que su gobierno era una tiranía. Decían con firmeza, que el permanecer en su trono era la evidente demostración de su parcialidad e injusticia. Decían ellos: ¿No les había concedido libertad de elegir? ¿Por qué omitir eso ahora, e impedir la práctica de un gobierno mejor?

Los señalamientos y comentarios de las huestes rebeldes poco a poco impactaron en todo el Universo, de manera que se veía al gobierno del Eterno actuar don injusticia. Esto generó una gran preocupación en todos aquellos que seguían fieles al reino de la luz.

Y al no saber cómo responder o refutar aquellas acusaciones, las fieles criaturas, en silencio por el dolor que esto producía, deseaban el momento en que nuevas revelaciones que viniesen del Eterno, aclararan los misterios del gran conflicto que se había generado.

Todas aquellas calumnias y acusaciones realizadas por las huestes rebeldes llegaron al punto culminante cuando el Creador, en un gesto que sorprendió a todos, se levantó de Su trono, como dispuesto a abandonarlo.

Las huestes infieles, a la expectativa de una gran conquista, se quedaron quietos, mientras que un gran sentimiento de temor inundaba el corazón de los fieles súbditos del reino de la luz.

Surgían muchas preguntas, ¿cedería Dios el dominio de toda la creación, para no recibir más acusaciones viles? Desde un punto de vista lógico, a partir del cual Lucifer sustentaba sus enseñanzas, no le quedaba otra posibilidad al Eterno. En esta tremenda expectativa, todo el Universo creado miraba las acciones del Eterno.

El Creador, en una actitud de humildad, se despojó de Su corona y de Su manto real, poniéndolos sobre el blanco trono. En Su semblante no existía expresión de resentimiento o de ira, sino de un amor infinito y tristeza. Con solemnidad, el Creador proclamó que el momento decisivo había llegado, y entonces cada criatura debía confirmar y sellar su elección al lado de la luz o al lado de las tinieblas.

En aquel momento, el Eterno, a través de una extensa revelación, advirtió sobre los resultados de romper la unión con la Fuente de la Vida. Después, con una mirada llena de amor, contempló a todos sus hijos. Su mirada plena de amor y humildad, rogaba que permaneciesen a su lado.

Criaturas innumerables, conmovidas en su interior, respondieron positivamente a su bondadosa mirada; mientras tanto, otra multitud mantenía su cabeza cabizbaja.

Las huestes rebeldes, Lucifer y sus seguidores, eran plenamente conscientes de la solemnidad y seriedad de aquel momento. Aun había tiempo para volverse atrás, podían renunciar a sus planes, y retornar arrepentidos al Padre, aquel que nunca había dejado de amarlos.

Durante el tiempo que ellos permanecían cabizbajos, consideraban sobre la decisión final, Lucifer y sus seguidores escucharon el cántico de aquellas criaturas fieles que, en reconocimiento y gratitud, se ubicaban al lado del Creador.

La última batalla se desarrollaba en el corazón de las criaturas infieles, aquellas que, estremecidas, llegaron a pensar en retirarse. Finalmente, el recuerdo del reciente gesto divino, cuando el Eterno se despojó de la corona, les dio la seguridad de que el trono de gobierno les sería concedido.

Al ver que el trono permanecía vacío, e impulsados por la codicia, Lucifer y sus huestes, rompieron de manera definitiva con el Eterno Creador.

En el momento, en el que el Eterno vio que un tercio de los súbditos atravesaba las divisiones de la eterna separación, dejó externar el triste dolor que por tanto tiempo había estado martirizando Su corazón, doblándose en un llanto inconsolable y lleno de tristeza.

Y mientras miraba a sus rebeldes hijos, levantó su voz en medio del lamento y el dolor: "Hijos míos, hijos míos. Ya no puedo llamarlos de este modo. Deseo profundamente tenerlos en mis brazos. Recuerdo cuando con cariño los formé. Cada uno de ustedes brotó feliz y en perfección, en acordes de esperanza en eterna armonía. Yo viví para ustedes, los cubrí de gloria y poder, ustedes fueron mi gozo y regocijo.

¿Por qué razón, y en qué momento sus corazones cambiaron tanto? ¿Oh qué más podría yo haber hecho para hacerlos permanecer a mi lado? Hoy mí alma sangra de tristeza y dolor por la eterna separación que ustedes han elegido.

Al terminar de expresar su lamentación y dolor, el Eterno, miró a Lucifer, aquel que había producido tan grande tragedia, y le habló diciendo: "A ti se te entregó un honorable nombre cuando fuiste creado. Pero, desde ahora no se te llamará más Lucifer, sino Satanás, enemigo del Eterno Creador y de todas sus leyes.

Después de expresar su lamento por las huestes perdidas, el Creador, caminando lentamente, salió del jardín del Edén, donde está el lugar del trono universal.

Todos se preguntaban ¿en qué lugar sería ahora su morada? En aquel momento, las huestes fieles al Eterno le acompañaban en una actitud de reverencia, mientras él caminaba sus pasos de renuncia, que avanzaban hacían un difícil futuro, con tristezas y humillaciones.

También se preguntaban las huestes: ¿Los rebeldes iban a ocupar el trono divino? ¿Lo profanarían con el gobierno del pecado y la maldad? Esta incertidumbre atormentaba el corazón de los súbditos del reino de la luz.

Abandonando la ciudad que amaba, el Creador se dirigió, pasando por entre las glorias del Universo, hacia el inmenso y oscuro abismo, del cual nada había dicho hasta ese momento. Al llegar allí, se detuvo en silencio, parecía que estaba leyendo en aquellas tinieblas el futuro de grandes batallas.

Evidente la tristeza y el sufrimiento del Eterno, por las expresiones en su semblante, las huestes fieles lograron finalmente entender lo que quería decir aquel misterioso abismo de tinieblas: Todo eso era un símbolo, y representaba el reino de la rebeldía.

En aquel momento, las huestes fieles, vieron en el rostro lleno de tristeza del Creador, un cambio, un brillo que los alentó. El Eterno levantó sus poderosos brazos ante aquellas densas tinieblas, ordenando en voz alta: "Exista la luz".

De manera inmediata, la luz de su gloriosa presencia iluminó aquel abismo profundo, y derrotando el poder de aquellas tinieblas, se reveló un mundo imperfecto, inacabado y cubierto de aguas transparentes. De esta manera, el Creador empezaba una gran guerra por la reclamación y demanda de su gobierno de luz.

Sería una batalla del amor en contra del egoísmo; de la justicia contra la injusticia; de la verdad contra la mentira; de la humildad contra la soberbia; de la libertad contra la esclavitud; de la vida contra la muerte; del bien contra el mal.

Esta batalla, sería intensa y extensa, pues se desarrollaría hasta el momento en el que el Eterno retornase en victoria al monte Sión, donde, entronizado en medio de las alabanzas de los redimidos, reinaría por todos los tiempos de la eternidad en perfecta paz y armonía.

Las tinieblas de aquel gran abismo, en su huida, apuntaban hacia el aniquilamiento final de toda rebeldía. Las aguas abundantes que estaban cubriendo aquél mundo, hasta entonces secreto y oculto, representaban la vida eterna, vida que para los fieles sería alcanzada a través del amor que todo lo entrega y lo sacrifica.

Aquel mundo que se había revelado era la tierra. Visitada por las tinieblas y por la luz, la tierra sería el escenario de aquella gran batalla. Las huestes fieles se gozaban con intensidad ante el triunfo de la luz en aquél día primero; tiempo en el que en la tierra las tinieblas con ira se movían sobre ella, y la sumergían en una densa oscuridad.

De manera que, aquella luz que parecía derrotada, renacía en victoria en un hermoso amanecer. Cuando aparecía la luz del día segundo, el Creador ordenó:

"Exista ahora una expansión en medio de las aguas, y haya separación entre agua y aguas".

De modo inmediato, el calor de su gloriosa luz, generó una inmensa cantidad de vapor que se levantó de las aguas, y envolvió la tierra en un manto de azul transparente; y así, nació la atmósfera, un ambiente con una mezcla perfecta de gases y elementos que vendrían a ser fundamentales para la vida; vida que en poco tiempo estaría llenando el planeta. El Creador, después de contemplar aquella expansión, le puso por nombre Cielos.

Aquella atmósfera, que envolvía la tierra con su brillo, se oscureció al venir el atardecer de otro día.

Capítulo 4: El Edén, Adán y Eva. El árbol de la vida, y el árbol del bien y del mal.

Siendo derrotadas las tinieblas en el día tercero, el Eterno retomó y continuó su obra, de manera que aparecieron los grandes continentes, aquellos que estaban bajo la superficie de todas las aguas.

El Creador levantó las manos y ordenó: "Reúnanse las aguas que están debajo de los cielos en un espacio y emerja la porción seca". En una obediencia diligente y veloz, las transparentes aguas concedieron su posición superior a la porción seca que surgió, quedando por encima de ellas.

De modo, que en las regiones bajas de la tierra las aguas iban a continuar reflejando el brillo del cielo, y así sería esto un refrigerio para las sedientas criaturas. Con ese gesto de amor y humildad, las aguas representaban al Eterno Creador, aquel que en su batalla había bajado al profundo abismo con el propósito de hacer renacer en los sedientos la vida eterna.

Mientras miraba la faz de aquel mundo nuevo, el Creador le puso por nombre a la parte seca "tierra", y a la reunión de las aguas llamó: "mares". De su boca con poder salieron nuevas órdenes: "La tierra produzca la hierba verde, hierba con semilla, árboles fructíferos, cada uno según su especie, y que su semilla esté en ella sobre la faz de la tierra".

Y con diligencia pronta, la faz de la tierra se cubrió de todo tipo de vegetación, hermosos prados a punto de florecer, verdes campos surcados por ríos de aguas transparentes, inmensos bosques en los que frondosos árboles exhibían sus deliciosos frutos, eran incontables sus diversas especies. Venía a ser la tierra como un lienzo en el que el Creador, por el gran poder de su palabra, llenaba de color hermosos cuadros sin igual.

Todo aquello ocurría, mientras las huestes fieles contemplaban, con gran admiración la hermosura de esa creación. Todos se sorprendieron cuando pudieron ver sobre el nuevo planeta el jardín del Edén, el lugar del trono celestial.

El Eterno Creador, mediante el inmenso poder de Su palabra, lo había transportado hacia el seno de ese mundo especial, nuevo mundo en el que en justicia sería confirmado el gobierno del Universo.

En aquel día especial, único y primaveral, con sus manos el viento acariciaba suavemente los verdes bosques y los prados en flor, llenando aquella atmósfera con un suave aroma y una frescura especial.

El Creador contemplando su obra, con regocijo habló: "He aquí todo es muy bueno". Con gran hermosura, el planeta cumplió un día más en su armoniosa y agradable rotación.

Ante todas estas cosas, las huestes fieles podían ahora entender mucho mejor la importancia de la luz divina. La ausencia de ésta, había ofuscado, en aquella noche, las bellezas de la ciudad de Sión. En ese nuevo día, el Eterno Creador mostraría Su inmenso poder, dando a la tierra luminares que la llenarían de luz y también de calor.

Estos luminares creados por el Eterno permanecerían por todos los tiempos como señales de la presencia y poder del Creador, origen y fuente de toda luz. Mirando el espacio vacío y en oscuridad, el cual cubría la faz de la tierra, el Eterno con su poderosa voz ordenó diciendo:

"Aparezcan luminares en la gran expansión de los cielos, y de este modo exista la separación entre la noche y el día. Además, serán luminares en el espacio de los cielos con el propósito de iluminar la tierra".

De modo inmediato, la expansión de los cielos fue iluminada por lo rayos brillantes del sol, y por el reflejo de los planetas y sus satélites. En ese mismo momento, ante aquella muestra de poder del Creador, las huestes fieles se postraron en una adoración con gran reverencia.

En el día cuarto, el Eterno dio lugar a la creación de los mundos de nuestro sistema solar, no con el propósito de ser habitados sino de ser factores de equilibrio en todo el sistema.

Todos estos luminares llenaron el cielo de resplandor, de manera que debilitaron las tinieblas de las noches en la tierra. Mirando con ojos complacidos hacia la tierra, las huestes fieles se regocijaron al verla resplandeciente con muchos colores.

Muy cerca de la tierra podía contemplarse la luna, la cual brillaba y resplandecía con su color plata, provocando la huida de las tinieblas con sus sombras nocturnas. Cubiertos por aquel hermoso escenario, llenos de gozo los hijos de la luz dieron saludos al amanecer del día quinto, día que estaría lleno de agradables sorpresas.

El Creador convertiría la tierra en un ambiente festivo lleno de diversas e innumerables especies de animales irracionales, los cuales habitarían toda la faz del planeta. Esta maravillosa creación se realizaría en el día número seis.

En aquel tiempo, el Eterno Creador levantó sus manos poderosas, y contemplando primero en dirección hacia las aguas transparentes, habló ordenando: "Produzcan las aguas abundantemente reptiles de alma viviente".

De manera inmediata, las aguas cristalinas se volvieron ondulantes, esto debido a la presencia de incontables especies de reptiles que, gozosos y llenos de gratitud, festejaban la existencia en un continuo nadar y saltar en aquellas hermosas aguas.

Algo maravilloso que se podía ver, era que desde los seres más pequeños, desde los seres microscópicos hasta las inmensas ballenas, todos aparecieron en una armonía perfecta, con lo que reflejaban en su naturaleza y diseño, el maravilloso amor del Creador.

Contemplando, con ojos complacidos, la azul atmósfera que descansaba sobre los verdes y hermosos bosques, el Creador habló diciendo: "Vuelen ahora las aves sobre la faz de la expansión de los cielos".

A través de esta orden divina, los Cielos se llenaron de pájaros con diversos e intensos colores, los cuales volando por todas las direcciones, tenían en el corazón un cántico de gratitud por la nueva vida. Este cántico se podía escuchar por toda la faz de la tierra, el cual se mezclaba con el agradable aroma de las flores de los arbustos y plantas.

De este modo, el Creador contemplaba con placer a todas sus criaturas en la tierra, y las bendijo al decir: "Fructificad y multiplicaos, llenad las aguas de los mares, y las aves multiplíquense sobre la faz de la tierra".

Con alegría y placer, las huestes fieles eran testigos presenciales del amanecer del día sexto. Había una pregunta que estaba sobre todas las demás, en la mente de todas las criaturas racionales ¿Qué sería lo que el Eterno iba a crear en aquel nuevo día? Todas las criaturas estaban convencidas de que algo muy especial estaba por suceder.

En aquel día, el Creador levantó sus poderosas manos y habló diciendo: "Produzca la tierra alma viviente conforme a su especie: ganados, reptiles y bestias salvajes de la tierra, conforme a su especie". La poderosa voz del Eterno fue prontamente escuchada, en los bosques y en los campos, y por eso podían verse los resultados de Su poder creador.

En aquel mismo momento, surgieron animales de todas las especies, despertaron a una gozosa existencia, en medio de un paraíso de perfecta paz y armonía. La tierra se tornaba en extremo hermosa, como si fuera una princesa adornada para recibir a su rey y señor.

La pregunta era: ¿Quién sería aquel ser especial? En aquel momento, moviéndose con gran majestad, el Creador descendió a las glorias del nuevo mundo, con dirección al jardín del Edén, el lugar donde estaba el trono divino.

Con suma reverencia, era acompañado por los ángeles de la luz, deteniéndose cual nubes sobre los cielos del paraíso. En aquel momento, todo el Universo creado miraba con un profundo interés el desarrollo de las acciones del Eterno, en respuesta a las acusaciones y calumnias de sus enemigos, las huestes rebeldes.

Era sin lugar a dudas, un momento decisivo. Lo que hasta ahora se había visto, era que el Creador demostraría no ser tirano ni egoísta, seguramente iba a coronar a alguien sobre el monte Sión.

Para aquel momento, Satanás y sus seguidores estaban convencidos de que el reino les sería entregado, y así reinarían victoriosos en el seno de aquel antiguo abismo, lugar en el que ahora las tinieblas y la luz se entrelazaban.

Ante aquella posibilidad, los hijos de la luz se estremecían. Junto a la fuente del río de la vida, el Creador se arrodilló en una actitud solemne y, con los elementos naturales de la Tierra, empezó a formar, con gran amor, una especial criatura.

Después de un breve tiempo, se encontraba delante del Creador el cuerpo, aún sin aliento de vida, el primer hombre. Con gran afecto y cariño, el Eterno lo contempló y, después de acariciarle la cara fría y ausente de color, le sopló en las vías de la nariz el aliento de vida, y en aquel mismo momento el hombre empezó a vivir.

Como la persona que se despierta de un sueño, así el nuevo hombre abrió sus ojos, y pudo contemplar la dulce faz de Su Creador, quien, sonriendo, le besó la cara ahora llena de vida y color.

El hombre recién creado, se llenó de emoción al escuchar al Eterno decirle con voz suave y llena de afecto: "¡Mi hijo, mi querido hijo!". Por haber sido creado de la tierra, el primer hombre recibió el nombre de Adán.

En aquel momento, el Creador lo tomó por la mano y lo levantó. Sin ser consciente del escenario de fulgor que lo circundaba, Adán, en un gesto de gratitud por su nueva vida, envolvió al Creador en un abrazo lleno de ternura, y se postró en una adoración con gran reverencia.

Aquel maravilloso momento, era contemplado por las huestes fieles que admiradas observaban la grandiosa obra divina, emocionadas ante el gesto del ser humano, también se postraron en adoración dando honor y reverencia al Eterno.

Todas las huestes fieles unieron sus voces en un canto de júbilo, saludando a la nueva y especial criatura, la cual despertaba hacia la vida en un tiempo tan decisivo para el Universo creado.

Con su corazón que rebozaba de alegría, Adán se unió a los ángeles en su cántico de alabanza y honor al Eterno. Su voz, al salir por los alrededores llenos de flores, se mezcló con el canto de las aves y con el bramido y mugir de los animales, los cuales venían con actitud festiva.

El nuevo hombre, Adán, realizó un recorrido lleno de sorpresas inolvidables, y se hizo consciente de las bellezas de su nuevo hogar. Con gran admiración, contempló el monte Sión, lugar en el que brotaba el río de la vida, en una hermosa cascada de luz. Aquel maravilloso monte yacía coronado por un lindo arco iris. Mientras caminaba, siguió el curso del río cristalino, el cual se deslizaba con gran calma, pasando por entre las maravillas del hermoso Edén.

Adán, se quedaba admirado ante los altos árboles, que mojados por la brisa, dejaban descolgar sus ramas con abundancia de flores y frutos. Caminaba y se inclinaba por todos lados observando y conociendo, atraído por el resplandor de piedras preciosas que por todas partes adornaban el verde césped.

Con mucho gozo, Adán adquiría conocimiento de las múltiples e innumerables especies de animales que habitaban el jardín. Todos aquellos eran mansos y sumisos, animales que vivían en perfecta armonía y felicidad. De pronto, Adán se detuvo en su caminar, admirado de la blancura y ternura de un animalito, el cual brincaba en el césped.

Acercándose al animalito, lo cargó en sus brazos, dándole un especial afecto. Era muy agradable acariciar su blanda y blanca lana. Sus tiernos ojos reflejaban un brillo de amor y humildad. Había sin duda, algo especial en aquel animalito. Con cariño, Adán le puso por nombre: "cordero".

Cargando en sus brazos aquel animalito, Adán contempló con mucha gratitud al Creador y le rindió adoración. Miraba Sus blancas vestiduras, Sus ojos que expresaban un amor sin igual; Adán se dio cuenta de que tenía en sus brazos un símbolo de su Autor.

Entonces, con gran alegría, Adán expresó: "Oh, Señor, este corderito revestido de tan blanca lana, con una mirada que expresa mucho amor, se parece mucho a Ti. Yo quiero tenerlo siempre a mi lado".

Adán se dio cuenta de que los animales allí, vivían y disfrutaban de un compañerismo especial. Con sus ojos contemplaba por todos lados parejas felices que vivían el uno para el otro. Entonces, los pensamientos de su mente se volvieron hacia Su Compañero. Observó, a su alrededor y estuvo sorprendido de no verlo. El Creador se había ocultado a propósito, tornándose invisible a los ojos de Adán.

En aquella condición, Adán se sentía solo en medio de aquel hermoso paraíso. ¿Con qué persona iba él a compartir su amor y alegría? Aunque estaban allí los animales, estos eran irracionales, por tano no podían compartir sus ideas y pensamientos.

Poco a poco nacía en el corazón de Adán, quien caminaba solitario en el Edén, un anhelo ardiente de hallar a alguien que estuviese con él siempre a su lado.

En aquel tiempo, mientras que Adán observaba hacia lo lejos, hacia las distantes montañas, buscando con esperanza encontrar a alguien, el Creador se manifestó a su lado, y le habló diciendo: "No es bueno que el hombre esté solo, por eso le haré una compañera".

El corazón de Adán se llenó de alegría cuando escuchó al Eterno pronunciar aquella promesa, precisamente en el tiempo en que tanto deseaba encontrar a alguien visible que le acompañara a su lado.

Reclinándose en el pecho de su Creador y ante sus caricias, Adán cayó en un profundo sueño en brazos de aquel que tanto le amaba. En su mente subconsciente aparecieron sus primeros sueños llenos de color:

Contemplaba los ojos y la bondadosa mirada del Creador.
Escuchó el sonido armónico de la música de los ángeles.
Descubrió las maravillas que había a su alrededor, como
son: El monte Sión con su arco iris; el hermoso río de la vida;
los prados llenos de flores; los animales que le dieron
saludos festivos.

De nuevo, en sus sueños, puede ver las escenas que se
formaron por su anhelo; y por eso, en el sueño experimenta
la soledad, y por eso busca alguien con quien compartir su
vida en el paraíso.

De manera, que su mirada observa todos los campos verdes,
y a los lejos puede ver las colinas llenas de flores. Mientras
camina con esperanza en su corazón, siente la mansa brisa
acariciarle el cabello con suavidad.

En aquel momento decide hablar con la brisa, y le dice:
"¡Brisa, tú pareces ser a quién tanto busco; tú me acaricias
el cabello con ternura; besas mi rostro; tú tienes el perfume
de los verdes arbustos! ¡Si yo pudiera ver tu cara, la besaría;
si pudiese tocar con mis manos tu cabello, haría largas y
hermosas trenzas, ¡y con flores de nuestro paraíso las
adornaría"!

Un tiempo después de andar en el sueño por los verdes
prados del Edén, Adán se detuvo mientras que observaba el

paisaje que había alrededor de él. Le llamó profundamente la atención al no poder ver el efecto de la brisa en las ramas floridas. ¿Cómo era esto posible, si él sentía la brisa cálidamente en su rostro?

Poco a poco, Adán empezó a despertar de aquel sueño. Aún con los ojos cerrados, recordó el momento en que, somnoliento, se recostó en el pecho de su Creador. ¿Sería esto entonces, la brisa del toque de Sus tiernas manos?

Con esta pregunta en su mente abrió sus ojos, y se llenó de emoción al ver una linda mujer que, con las manos perfumadas, le acariciaba con ternura y amor su rostro.

Ella era la brisa de su sueño; ella era la promesa de un Creador que solo quería hacer su alegría y bienestar. Entonces, Adán estaba ahora completo, pues tenía a Eva, la mujer que era carne de su carne y huesos de sus huesos.

Adán, tomó la mano de ella, y la invitó a dar un maravilloso paseo lleno de sorpresas inolvidables. Adán le mostraría a su compañera las bellezas y cosas extraordinarias de aquel lugar, el cual era su hogar.

Eva, llena de admiración se detenía a cada momento, en gran manera atraída por los colores y aromas que exhalaban las flores. También admiraba las aves que entonaban hermosos y alegres cantos; por los animales que les seguían con sumisión; por la vegetación frondosa y llena de colores; por las aguas resplandecientes y transparentes del río de la vida, el cual brotaba en cascadas desde el monte Sión.

Aquel hermoso Edén era perfecto, y no había ser o criatura que igualara al ser humano que había sido creado por el Eterno, creado a imagen de Dios. Entonces, Adán y Eva, se miraron y se acariciaban el uno al otro.

Sumergidos en aquel amor, estuvieron hasta el atardecer. Con deleite y gozo, esta joven pareja empezó a mirar el atardecer, pues el sol poniente a través de rayos rosados, pintó de color el cielo en un hermoso carmesí.

Llegando así el día sexto a su final, dando lugar a las horas de un día muy especial: El Sábado. Para todos los súbditos del reino de la luz, este día, en su significado, sería solemne, pues su amanecer traería consigo la victoria para el reino del Eterno.

En aquel momento, entonces el sol, el que durante el sexto día había llenado de alegría la naturaleza con su brillo y calor, se ocultó, dejando así la naturaleza en frías sombras. Los pájaros, que había alegrado con sus trinos el día, ahora se silencian, y buscan sus nidos, entre tanto que los otros animales se recogían.

En todo aquel paisaje, sólo la joven pareja permanecía inmóvil, procurando divisar, en el último rayo de luz que desaparecía en el horizonte, la esperanza de un nuevo amanecer.

Ellos, Adán y Eva, investigaban el sentido de las tinieblas; cuando, lograron ver por entre los arbustos, un hermoso lugar, cuyos rayos plateados bañaban la naturaleza con una suave luz.

En aquel momento pudieron ver, que todo el cielo era iluminado por el brillo de las estrellas. Llenos de admiración, se dieron cuenta de que la noche, sólo era tinieblas cuando se miraba hacia abajo.

En su condición de inocencia, Adán y Eva no se daban cuenta de que aquella noche representaba el futuro sombrío de la humanidad.

Cuando entendiesen aquello, estarían confortados al observar el resplandor de los cielos: aquel lugar les hablaría de esperanza, y las estrellas resplandecientes atestiguarían el deseo de las huestes de la luz en aclararles las tinieblas morales, dando así ánimo a los pecadores.

Sólo serían iluminadas aquellas personas que, desviando su mirada de la tierra, levantasen sus ojos para contemplar los altos cielos.

La joven pareja, contempló por un tiempo aquel cielo eliminado, y después se acordó de las cosas hermosas del paraíso, y volvió los ojos, buscando divisarlas. Estaban, sin embargo, escondidas en medio de las sombras. De modo, que en gran manera deseaban ellos el amanecer, pues solamente éste traería consigo el hermoso paraíso que habían visto.

Y ante ese deseo del corazón humano, el Creador surgió en medio de aquellas tinieblas, devolviendo a la pareja el regocijo de hallarse nuevamente en un jardín pleno de colores. Cubiertos por la suave luz, caminaban ahora por prados reverdecientes y abundantes en flor. El resplandor del Eterno despertaba la naturaleza por donde ellos pasaban, coloreando y alegrando todo lo que estaba a su alrededor.

De esta manera, la joven pareja estaba admirada y también aprendiendo que al estar al lado del Creador podrían tener un paraíso en plena noche. Sintiéndose somnolientos, Adán y Eva se recostaron en el regazo del Padre que los amaba, quien los hizo dormir con ternura, esperanzados en un despertar pleno de gozo.

El Creador, los puso suavemente sobre el césped, y se elevó dirigiéndose al lado de las huestes contemplativas. Él, una vez más se manifestaría al amanecer, haciendo despertar a la pareja para el más solemne suceso, evento que reduciría al polvo las más viles acusaciones y calumnias de sus enemigos.

Aquella noche, fría y de densas tinieblas, se hacía larga, y parecía hacer burla de la luz. ¿Cegaría para siempre las bellezas que había hecho el Creador?

De ninguna manera. El sol no iba a retroceder en modo alguno ante la imponencia de las tinieblas; surgiría en poco tiempo, en breve como un libertador, arrebatando con sus rayos de luz y calor, la naturaleza de las frías garras de las tinieblas, y le daría color y vida.

Pocas horas antes del amanecer, y seguramente en un último intento de desafío al Rey, las tinieblas se volvieron densas y más oscuras. La noche arremetía sus fuerzas para combatir por el dominio usurpado.

Capítulo 5: El despertar del nuevo día.

Después de estas cosas, en el oriente apareció un destello que parecía expresar la esperanza en un nuevo día. Poco a poco, el cielo se llenó de color, un rojizo vivo. Ante aquel resplandor, las impotentes tinieblas tuvieron que retirarse ante la fuerza creciente de la luz y fueron destruidas en su huida.

Con los rayos de calor y luz del sol, la naturaleza empezó a despertar de aquella noche larga, mientras reflejaba en su seno los nostálgicos rayos. Flores se abrirían, exhalando aromas y perfumes de alegría; las aves y los animales, silenciados al llegar la noche, ahora se unen con sus voces en un cántico de triunfo, saludando al nuevo amanecer de aquel maravilloso día.

De esta manera, la noche oscura había llegado a su fin, y dio lugar a la poderosa luz del día anhelado, tiempo que para el Eterno tenía un significado singular y único, ya que era un símbolo anticipado del triunfo final de su reino sobre el gobierno de la rebeldía.

El Creador, entonces, haría despertar a sus hijos, seres humanos que cubiertos por la luz que emana de su presencia, ellos habían estado dormidos con la esperanza de un despertar gozoso.

En un caminar festivo, todas las huestes fieles y santas, entonando cánticos de triunfo, le acompañaron en dirección al paraíso cubierto de luz. En el momento en el que estaban cerca, el Eterno se detuvo y miró a la pareja que estaba dormida.

En aquel momento, el Creador habló diciendo: "Despertad, hijos míos". Aquella poderosa voz penetró en los oídos de Adán y Eva, y ellos despertaron para la más alegre comunión.

De modo veloz, surgió la esperada mañana, la cual trajo en su luz el hermoso paraíso, el que se había perdido en aquella noche. Con gran alegría, la pareja saludó a su divino Creador, y se unieron a las huestes angelicales en antífonas triunfales. Así pues, el Universo creado experimentaba un momento en gran manera solemne.

En esa mañana alegre y maravillosa, el Creador habría de revelar la grandeza y magnificencia de Su carácter, el cual se destaca por su justicia y amor. Las calumnias y acusaciones de que Su gobierno era de egoísmo y él gobernaba como un tirano, serían refutadas.

Entonces, ante la mirada de todas las criaturas racionales del gran Universo, el Eterno llevó a la joven pareja al monte Sión, al lugar donde estaba el trono divino.

El Eterno Creador, delante de las huestes en silencio, en una acción que a todos sorprendió, envolvió al hombre con el manto real, colocándole sobre su cabeza la corona, aquella que había sido codiciada por el ángel Lucifer.

Impulsados por un corazón lleno de gratitud ante la gran honra concedida, Adán y Eva se postraron en reverencia, depositando a los pies del Creador su corona preciosa, como evidencia de su sumisión al Eterno. Seguido a ese acto humano, un grito de triunfo que removió a toda la Creación.

Todas las huestes fieles, los hijos de la luz, aquellos que por tanto tiempo habían estado sufriendo afrentas y humillaciones ante las constantes acusaciones de las huestes rebeldes, se levantaron dando honra en poderosa alabanza al Dios bendito, que en Su obra de justicia desmintió y avergonzó a sus enemigos, revelando Su carácter de humildad, desprendimiento y amor hacia toda su creación.

Habiendo establecido al hombre como el señor de aquella creación, el Creador, con voz solemne, comenzó a enseñarle y a concientizarlo de la grandeza y valor de su misión.

De manera que Adán, cual mayordomo fiel a su Señor, debería cuidar del paraíso, y debía mantener limpia la fuente del resplandeciente río de la vida.

Era fundamental que las leyes de la justicia y del amor establecidas, las cuales a su vez eran los fundamentos del reino de la luz, deberían ser honradas y observadas. Como un cetro racional, era responsabilidad del hombre, en un gesto de reconocimiento y gratitud, aceptar libremente el gobierno del Eterno que lo había creado.

Las huestes fieles, las que se hallaban admiradas y eran testigos de la revelación del desprendimiento divino, entendieron que el Señor de la Luz no gobernaría más el Universo creado, a no ser con el asentimiento o aprobación del hombre.

De esta manera, por decisión del Creador, el hombre fue establecido como árbitro de la creación; en su glorioso ser, hecho a imagen del Eterno, resplandecía con gloria el sello del dominio eterno.

Posteriormente, después de enseñar a la joven pareja la infinita honra y responsabilidad de su misión, el Eterno les habló concientizándolos del conflicto espiritual que se presentaba por la conquista del dominio universal:

Ahora, el ángel rebelde, Lucifer, que por numerosas eras había servido al divino Rey en el monte Sión, había sido corrompido por la soberbia y el ego de su corazón, siendo seguido por un tercio de las huestes angelicales racionales; quienes procuraban ahora destronar al Creador, y buscaba deshonrar Su nombre con viles acusaciones y dañinas calumnias.

Después de haberle enseñado al ser humano la dolorosa situación en que el Universo se hallaba, el Creador, en un gesto solemne, les enseñó dos árboles altos, llenos de frutos grandes, los cuales se levantaban en ambas orillas del río que nacía del trono celestial.

El árbol que se levantaba por la orilla derecha, el Eterno reveló ser el árbol de la vida, un monumento del reino de la luz. Mientras que el árbol que se levantaba en la otra orilla, reveló ser el árbol de la ciencia del bien y del mal, el cual era el símbolo de la rebelión.

Les enseñó que al comer del fruto del árbol de la vida, el hombre estaría poniendo en evidencia su sumisión al Creador, que es la Fuente de la vida y de la luz. Mientras, que comer del otro árbol, el de la ciencia del bien y del mal, sería entregar al enemigo el gobierno de Sión.

La inevitable consecuencia de aquel paso sería la muerte eterna, y no sería sólo para el ser humano, sería también para toda la creación, que reduciría al caos todas las cosas bajo la furia de la rebelión.

Posteriormente, luego de contemplar por un buen tiempo los dos árboles altos, que externaban en sus frutos tan infinita y gran responsabilidad, Adán se postró ante el Eterno, y habló diciendo:

"Tú eres digno Señor de gobernar y reinar sobre el Universo, pues por Tú sabiduría, amor y poder todas las cosas fueron creadas y también subsisten". Entonces, el sábado, símbolo de la victoria divina, se hinchió de alabanzas y honra al Eterno.

En aquel momento, las huestes fieles, todos los hijos de la luz se unieron al ser humano en el más hermoso y armonioso cántico dirigido a Aquel cuya gloria y grandeza no tiene igual.

Con gran espanto, Satanás y todos sus seguidores atestiguaron la grandiosa realización del Creador. Todos ellos presenciaron con amargura, el gozo de las huestes fieles ante la coronación del hombre, un suceso del Eterno que lanzó por tierra las fuertes acusaciones que ellos habían lanzado contra el gobierno de Dios.

Las huestes rebeldes bajo la dirección de Satanás, llenos de ira y frustración, consideraban ahora su triste y frustrante condición. Cuán terrible y humillante les era el contemplar sus planes de rebeldía desaparecer delante del Eterno, semejantes a las sombras de aquella noche que habían sido destruidas y desvanecidas.

Pensaban dentro de sí, si les fuera posible llenarían el día sábado de muchas tinieblas, logrando así borrar de la mente de los súbditos del Creador cualquier esperanza de una victoria.

Al final de sus pensamientos, Satanás y sus liderados entendieron que todavía tenían una oportunidad: En medio del huerto del Edén, en las alturas del monte Sión, se levanta, al lado del río de la vida, el árbol de la ciencia del bien y del mal. Sería suficiente, un solo gesto del ser humano para lograr tener bajo su mando, por todos los tiempos, el codiciado dominio.

La pregunta era: ¿Cómo podemos seducirlo? Así, alentado por la posibilidad de la victoria al fin, Satanás procuró con ingenio, formular un plan de abordaje. Él sabía que si fallaba en su plan, todas las esperanzas de victoria se habrían disuelto, derribando todos sus sueños de aventura. Finalmente, concluyó que aquel engaño venía a ser su arma poderosa.

Pensaba dentro de sí: "¡¿Acaso no había sido a través de él que consiguió dominar un tercio de las huestes angelicales?!". Lo que quedaba era entonces, esperar el tiempo propicio para armar su emboscada y ejecutar su plan.

Capítulo 6: El gobierno divino en el Edén, y los planes de Lucifer son revelados.

En el huerto del Edén prevalecía una dulce calma, como resultado de una perfecta paz. Se escuchaban, por todos lados, los hermosos y alegres trinos de los coloridos pajarillos que levantaban su canto en alabanza al Eterno.

En general, esa era la actitud de la toda la naturaleza, pues ella misma florecía proclamando su eterno regocijo. Por todos lados, en una hermosa unión los animales brincaban sujetos siempre al ser humano creado por el Eterno, y Adán era el señor de aquel hermoso paraíso.

El ambiente en aquel lugar, era todo felicidad para la nueva pareja, alegría que se volvía más intensa cuando rotaban los días de aquel tiempo primaveral.

El azul del cielo coloreaba con su hermosura todo el paisaje, y también anunciaba el momento en el que el Creador venia cada día a visitarlos, y juntos, ante la luz gloriosa de su presencia, compartían largo tiempo en una conversación feliz.

Con alegría y diligencia, la pareja relataba al Señor las grandes maravillas que iban descubriendo cada día en aquella naturaleza. El Eterno, con cariño, les enseñaba el significado de cada ser y de cada cosa.

Estaban profundamente agradecidos por todas las lindas lecciones aprendidas a Sus pies. Al paso de cada día, más grande eran el amor, el respeto y la admiración por el grandioso y Eterno Creador.

Dios había sido bueno en gran manera, al traerles a la existencia y concediéndoles un hogar tan lleno de belleza y delicias. Cuando despertaban ellos, hacia las alegrías de cada día, les venía a la memoria las caricias y el dulce canto del Creador, que los hacía entrar en un dulce y hermoso sueño todas las noches.

No era un tiempo de ociosidad el que tenían, Adán y Eva en el Edén. A ellos les fue encomendado el cuidado del jardín. Su ocupación no era fastidiosa, por el contrario, era agradable y renovaba las fuerzas.

El Eterno había establecido el trabajo como una fuente de beneficios para el hombre, a fin de mantener ocupada su mente, y fortalecer su cuerpo; desarrollándole todas las facultades y virtudes; de tal manera, que en aquella actividad mental y física, el hombre encontraba un elevado placer. La joven pareja vivía también la experiencia de recibir visitas de seres celestiales.

Ellos, siempre tenían novedades que compartir y muchas preguntas por realizar. Por eso, pasaban largo tiempo escuchando de ellos hablar sobre las maravillas del reino de luz. Precisamente, a través de aquellos visitantes, Adán y Eva empezaron a tener un amplio conocimiento de la rebelión de Lucifer y de sus resultados eternos.

Siempre que recibían aquellas visitas, la joven pareja solicitaba que ellos les enseñarán los armoniosos cánticos del cielo. ¡Cómo se deleitaban al unir las voces al coro angelical! En Su omnisciencia, el Eterno tenía el saber del terrible propósito del enemigo.

Ante este panorama, el Creador convocó a todas Sus huestes principales, les reveló con pesar el inminente peligro que se veía venir sobre el Universo creado. Satanás habría de armar una emboscada con engaño, con el propósito de llevar al hombre a comer del árbol de la ciencia del bien y del mal.

Ante la declaración de aquella revelación, los hijos de la luz tuvieron gran temor, pues conocían la gran capacidad de Satanás en enlazar o cautivar las criaturas inocentes y atarlas en sus redes de muerte. En el solemne concilio, tomaron la decisión de enviar, con urgencia, mensajeros que advirtieran al hombre de aquel gran peligro.

Y en ese momento, dos ángeles poderosos fueron delegados para aquella decisiva misión. Y de manera inmediata, aquellos mensajeros comisionados irrumpieron por las puertas de la ciudad de Jerusalén, alcanzando el seno del espacio sin fin.

En fracciones de segundos, estos ángeles traspasaron inmensidades, cruzando galaxias en el Universo. Ellos ingresaron en el túnel de la constelación de Orión, acercándose al nuevo sistema. Ya podían ellos ver a poca distancia el planeta azul, el lugar en donde el destino del Universo estaba a punto de ser determinado.

Capítulo 7: Caída de Adán y Eva, y la promesa de rescate.

Mientras tanto, en el Edén, todo era relajación, y por eso la joven pareja continuaba en sus inocentes y normales actividades, mientras disfrutaban el placer de un vivir alegre y armónico.

Muy lejos estaban de pensar que en aquel momento todo o todos los hijos de la luz estaban tensos, preocupados y con incertidumbre, pensando en el riesgo de su futuro amenazado.

De pronto levantando sus ojos al limpio cielo, ellos vieron la señal de la aproximación de los visitantes celestiales, de manera que la pareja levantó sus brazos en un alegre saludo. Sin embargo, Adán y Eva se quedaron admirados, pues no vieron la alegría natural en el semblante de ellos.

Aquellos visitantes del cielo venían con una expresión de ansiedad en sus rostros, que la joven pareja no podía comprender. Intentaron cambiarles la triste facción, contándoles los nuevos hallazgos descubiertos en el paraíso.

Los ángeles mensajeros, todavía, sin tener tiempo a disposición, como en otras ocasiones, interrumpieron a la pareja con palabras de advertencia. Debían saber que Satanás habría de armarles una emboscada, con el objetivo de llevarlos a comer del fruto del árbol de la ciencia del bien y del mal. Sí ellos daban oído a la tentación, provocarían que toda la creación cayera en el abismo de un eterno caos.

Con intenso énfasis, los ángeles mensajeros les recordaron que el reino les había sido encomendado, como se confía un tesoro sagrado, debiendo, en una vida de fidelidad y lealtad, dar honor a Aquél que por amor se había despojado, ubicándose en una condición de huésped del ser humano.

Ante todo lo que se veía venir, Adán y Eva, debían permanecer firmes y fieles ante las insinuaciones del enemigo, pues así sellarían la eterna victoria del reino de la luz, la victoria del Eterno Creador.

Los ángeles les enseñaron, además, que al triunfar sobre el mal recibirían una feliz recompensa, y que era el plan del Creador transferir la Jerusalén Celestial hacia la Tierra. Allí, nuevamente acoplada al paraíso, permanecería por todos los tiempos.

En aquel ambiente, en un estado de sujeción al Eterno, el hombre reinaría por todos los tiempos sin fin sobre el monte Sión, y en medio de las hermosas alabanzas de las huestes del Universo.

Por supuesto, todo esto dependería por completo de la actitud y posición del ser humano ante las tentaciones del enemigo, que buscaría de muchas maneras arrebatarle el reino que el Creador le entregaba.

En el corazón de Adán y Eva hubo temor al conocer los planes de Satanás, pero recibieron consuelo al darse cuenta de que él no podría hacerles ningún daño, obligándolos forzadamente a tomar del fruto prohibido.

Y si por alguna circunstancia, Satanás intentará intimidarlos con fu poder, todas las huestes fieles del Creador estarían listas y dispuestas para ayudarlos.

Los ángeles mensajeros de la luz terminaron su misión con recomendaciones a la pareja para que permanecieran vigilantes, sin olvidar en manera alguna la responsabilidad que en ellos había sido delegada.

Debían, además, permanecer en unidad, no debían separarse el uno del otro, ni tan sólo por un momento; ya que si lo hacían, el enemigo al verlos a solas podría venir para seducirlos y llevarlos a desobedecer al Eterno.

Con un corazón agradecido por las recomendaciones, Adán y Eva levantaron en unidad sus voces en un canto de fiel promesa en un eterno triunfo. Ellos estaban convencidos de que nunca abandonarían al bendito Eterno Creador, escuchando la voz del tentador y enemigo de sus vidas.

Consolados y con ánimo ante la promesa de la pareja, los dos ángeles mensajeros volvieron al seno de la ciudad celestial de Jerusalén, en donde con las huestes santas, esperarían con anhelo ferviente el triunfo deseado.

Satanás ya sabía de estas cosas, pues él había visto acercarse al paraíso a los dos mensajeros, y también escuchó el canto de la pareja humana con la promesa de una eterna victoria. Ese cántico generó que su envidia y odio creciera de tal modo que nos los podía dominar.

Entonces, Satanás habló a sus seguidores y les dijo que en poco tiempo haría silenciar aquella voz tan molesta, realizaría de todo para cambiar la alabanza humana en palabras de blasfemia al Eterno.

Las huestes rebeldes que se habían levantado contra el Creador y habían seguido al malvado, estaban llenas de curiosidad por saber los planes de su jefe, aunque fueron advertidas por él mismo de que tendrían que esperar hasta el momento en el que todo estuviese para siempre determinado.

Si conseguía que el hombre escuchase su voz, haciendo que comiese del fruto del árbol de la ciencia del bien y del mal, entonces logaría su victoria, alcanzando por todos los siglos el gobierno del Universo creado.

Por el contrario, sí el hombre resistía la tentación, permaneciendo fiel al Eterno, ya no existiría esperanza alguna para Satanás y sus huestes rebeldes. El paraíso parecía estar cubierto por una eterna seguridad; sin embargo, en la faz del hombre se podía observar una expresión de temor.

Desde el momento en el que los dos ángeles mensajeros habían partido, Adán y Eva permanecían en silencio, ya que meditaban con reverencia sobre la gran responsabilidad de su misión.

Ellos reflexionaban en seriedad acerca de la prueba que veían venir, asunto que habría de sellar su futuro y el del resto de toda la Creación. Pero, animados, teniendo presente en su mente la victoria, unieron una vez más sus voces en un canto que un cántico que anunciaba la seguridad de la victoria anhelada.

Aquella hermosa melodía hizo que se fuera de sus mentes todo el miedo de derrota y, con regocijo, corrían por los verdes prados, acompañados por los fogosos animales que parecían festejar aquel gran triunfo.

Adán y Eva, estaban felices y se sentían seguros en aquel hermoso paraíso, sin considerar o tener en cuenta el peligro que se avecinaba. Mientras tanto, Satanás observaba atentamente a la pareja, y de pronto, percibió que estaba llegando el tiempo de su gran oportunidad.

De manera que dio inicio a su plan. Se acercó de manera invisible al paraíso, y se mantuvo a la espera del mejor tiempo para armar su emboscada. Adán y Eva, inconscientes de la presencia del enemigo en el huerto, continuaban en su desprendida alegría, y se gozaban jugando con los animales, sin preocuparse por cosa alguna.

En el rostro de Satanás, se pudo observar una sonrisa perversa cuando pudo identificar un momento de descuido de la pareja, pues ellos en su exaltación y regocijo, habían descuidado la última recomendación de los ángeles mensajeros, apartándose el uno del otro.

Y sin perder tiempo alguno, el astuto y perverso enemigo, tomó posesión de la serpiente, el animal más hermoso del paraíso, haciéndola aproximarse con mucha gracia a Eva.

La mujer, que estaba sentada en el césped jugaba con los animales del paraíso, percibió la presencia de la hermosa y atractiva serpiente, cuyo cuerpo resplandecía con los colores del arco iris. Eva, centró su atención quedándose admirada en la serpiente, al verla tomar flores y frutos del jardín, depositándolos a sus pies. La mujer, con gratitud la tomó en los brazos, dedicándole gran cariño.

De manera que, habiendo conquistado el cariño de la mujer, Satanás, con su gran astucia, empezó a generar en ella atracción para que se acercará al árbol de la ciencia del bien y del mal.

Eva, inconsciente del peligro que se avecinaba, acompañó a la serpiente hasta donde se hallaba el árbol de la prueba. Una vez allí, cargando en sus brazos al enemigo oculto, le daba caricias y el expresó palabra de afecto.

Con sus ojos que brillaban el resplandor de la seducción, la serpiente abrió su boca y empezó a hablar. Las palabras que decía, estaban llenas de sabiduría, además tenían un manto de ternura, y su voz era como la de un ángel.

Admirada al escucharla, Eva apenas sí podía creer lo que veía y oía. Su regocijo se volvió inmenso por tener en sus brazos aquella criatura tan fantástica y especial. Empezaron a dialogar sobre muchos asuntos, sobre el amor; las bellezas del jardín; el poder del Creador, el reino, entre otras cosas.

Al escucharla, Eva se quedaba maravillada ante el conocimiento tan grande de la serpiente, la cual discurría con gran maestría sobre cualquier asunto. Envuelta por aquella experiencia, Eva se olvidó completamente de su compañero, Adán.

Tampoco se acordaba en modo alguno, de las advertencias que habían hecho los ángeles mensajeros. De igual modo, Adán, completamente olvidado de los consejos de los mensajeros celestiales, se había apartado de Eva, estaba en compañía de algunos animales del paraíso.

Después de transcurrir algún tiempo, vinieron con cierta fuerza a la mente las advertencias que había recibido. Pudo escuchar en sus oídos claramente las palabras últimas que habían dicho los ángeles mensajeros: "No se aparten el uno del otro… no deben separarse ni por un instante, ya que eso es peligroso".

Entonces con fuerza latió su corazón, pues al mirar a su alrededor no vio a Eva. Así pues, levantó su voz con fuerza en un grito lleno de ansiedad. Esta fuerte voz se escuchó por las bóvedas del huerto, pero a pesar de eso, no alcanzó respuesta alguna. Aquel intenso silencio parecía asfixiarlo. Con tristeza en su corazón, corrió de un lado para otro, buscando en vano, a su compañera.

En aquella búsqueda ansiosa, él sintió la brisa que acaricia su cabello, y entonces recordó su primer sueño. Sin embargo, aquel sueño, se deshizo ante el pensamiento del peligro que ahora los amenazaba.

Con su mente, que ahora era angustiada por un gran sentido de culpa, Adán apresuró el paso en su angustiosa búsqueda. Preguntas atormentaban su corazón: ¿Dónde estaría su amada? ¿Llegaría a tiempo para tomarla en sus brazos, y librarla de caer?

En varias ocasiones, Adán levantó su grito, el cual repercutió por todo el paraíso: "¿Eva, ¿dónde te encuentras?". Con esperanza angustiosa deseaba escuchar una respuesta, pero oyó solamente un eco vacío que lo desesperó todavía más.

En aquel momento, vino a su memoria el árbol de la ciencia del bien y del mal; ese era el único lugar en donde su apreciada compañera podría ser engañada por el enemigo.

Corrió con afán, esperando llegar a tiempo para obstruir la única oportunidad que el enemigo tenia, avanzó en dirección al lugar de la prueba. De pronto, sus ojos pudieron contemplar a lo lejos, la copa del árbol prohibido, su corazón latía con fuerza.

En aquel lugar, estaba Eva cargando en sus brazos a la serpiente en sus brazos, ella le preguntaba respecto a muchos asuntos. Ella estaba maravillada al percibir que la serpiente la excedía en gran manera en todo conocimiento.

Entonces Eva, con gran curiosidad, la preguntó a la serpiente: "¿Dónde está la fuente u origen de tu inmenso saber? Respóndeme, pues yo deseo también tenerla". Y allí, sin perder tiempo alguno, Satanás, le señaló hacia el árbol de la ciencia del bien y del mal, y le dijo: "Allí está la fuente de todo el conocimiento y saber que ahora tengo".

En aquel momento, Satanás le relató una historia llena de mentira, él dijo que era una serpiente como las otras, y por tanto, se alimentaba de los frutos del huerto. En cierta ocasión probando el fruto prohibido, recibió, como por un encanto especial y en un solo momento, todas las virtudes.

Antes estas palabras, Eva estaba sorprendida y al mismo tiempo, confundida, mientras tanto observaba el árbol de la ciencia del bien y del mal. Se preguntaba dentro de sí: ¿Privaría el Creador en su amor algo tan especial y tan bueno a sus criaturas?!

Entonces, Satanás, al verla muy sorprendida, le preguntó: ¿Es así que Dios dijo: ¿No comeréis de todos los árboles del paraíso?

Con inquietud y desasosiego, Eva le contestó: De los frutos de los árboles del huerto podemos comer, más del fruto de ese árbol que vos decís ser fuente de la sabiduría y del conocimiento, Dios dijo: "No comeréis de él, para que no muráis".

Inmediatamente, la serpiente en tono menosprecio le habló diciendo: Eso es falso, eso no es cierto; si así fuese, entonces yo habría muerto.

Más bien, debes tener en cuenta que el Creador les prohibió tomar de este árbol para no permitir que el hombre llegue a recibir como Él, sabiduría, conocimiento, virtudes, conociendo todas las cosas.

Todas aquellas palabras con poder seductor que la serpiente había hablado, produjeron gran confusión en la mente de la mujer. ¿En quién confiaría? Ella tenía en su mente el recuerdo de la orden del Eterno y de su sentencia; pero, al mismo tiempo tenía delante de sí una prueba real que lo contradecía. Pensaba en varias cosas al mismo tiempo.

Confundida, aturdida, Eva empezó a dudar del carácter del Creador. En un desafío provocador, en aquel mismo momento, la serpiente tomó algunos frutos del árbol prohibido, y delante de ella empezó a saborearlos.

Entonces, puso en manos de Eva uno de los frutos, animándola a comer le dijo: "¿No dijo el Creador que si alguno comía de este fruto moriría?".

En todo el Universo los hijos de la luz con impotencia observaban, ángeles poderosos vinieron ante el Eterno pidiendo permiso para intervenir y desenmascarar al enemigo que estaba escondido en aquella serpiente. El Creador no les permito hacer eso.

Ellos debían tener presente el libre albedrío dado al hombre, y respetarlo. Adán, quien corría con toda su fuerza, pudo contemplar a la distancia a su nada, estaba sentada al lado del árbol de la prueba, el árbol del bien y del mal.

Mientras que los hijos de la luz observaban con gran temor y espanto, Eva tomaba una terrible decisión. Ella había resuelto apartarse del Eterno y ser víctima de la muerte. El bondadoso Creador, inclinó su rostro al ver aquella imagen de rebelión, y con lágrimas estaba en silencio.

Las huestes fieles, pensaban que no todo se había perdido, pues si Adán resistía la tentación, sellaría la gran victoria, y Eva consciente de su error podría alcanzar el perdón de Dios.

Al llegar Adán al lugar donde estaba el árbol de la prueba, se dio cuenta de que era demasiado tarde. Su compañera, Eva, sentada junto al río, saboreaba sin preocupación alguna, el fruto del árbol de la ciencia del bien y del mal.

Con un gran llanto reconoció el gran error. Lleno de tristeza miró a su esposa, y con dolor expresó: Eva ¿qué es lo que haces? Y ella gobernada por las fantasías del enemigo, pensando que alcanzaría un nivel superior de vida, con una sonrisa lo miró y se sorprendió al verlo llorar nado.

Eva empezó a relatarle la historia fantástica de la sabia serpiente, pues el enemigo sabía que debía utilizar un instrumento sutil y especial para tentar a Adán, y aquel fue su propia esposa.

Adán, estaba afligido al pensar que su amada iba a fallecer en sus brazos; pero, poco a poco ese sentimiento fue desapareciendo al verla feliz como si nada malo le hubiese acontecido. Correspondiéndole a ella, sonrió y fue envuelto en las caricias de su amada, sin darse cuenta de que eran los brazos del enemigo, quien ahora la usaba.

En aquel momento, Eva comenzó a contarle acerca de los tesoros de la sabiduría, ahora vivía feliz en aquel nuevo reino, pero le faltaba completar su feliz vida, pues faltaba que su esposo hiciera lo mismo. Eva, poniendo un fruto en sus manos, le dijo que lo comiera en demostración de su amor a ella.

Adán se sentó en el césped en una profunda reflexión, se sentía angustiado pues no quería desobedecer al Eterno y tampoco quería perder a su amada compañera. Los fieles al Eterno miraban con horror aquella indecisión del hombre.

Después de aquella fuerte lucha interna, Adán, quien deseaba estar con su esposa, en un gesto apresurado, comió del fruto que Eva había puesto en sus manos. Luego, se precipitó a los brazos de su mujer.

En aquel momento, Satanás se levantó volando, dejando el paraíso y uniéndose a sus huestes rebeldes, todos se unieron en una fiesta estruendosa. Se sentían seguros de tener el derecho de Sión, para establecer un reino sin las molestias de las leyes del Eterno.

Aunque había tristeza y dolor en el Creador, esto no lo sorprendió; de hecho, antes de crear el Universo, había previsto la victoria de aquella rebelión, y en su amor y sabiduría, había diseñado un plan para rescatar al ser humano, asunto que demandaba un gran sacrificio.

El Creador dio orden para que poderosos ángeles rodearan de manera inmediata el paraíso, de modo, que Satanás no tomará posesión del huerto. Teniendo en cuenta que el Eterno actuaba en justica pensaban ¿Cómo iba a actuar el Creador ahora?

Escucharon la poderosa voz del Eterno dando a conocer un gran misterio, revelación maravillosa y tan sublime que sería eternamente un tema para las más extraordinarias reflexiones.

Enseñó el Eterno que, debido a la rebelión del hombre, se había separado de la fuente de la vida precipitándose al abismo de la muerte. Las huestes fieles de la luz no podían ver posibilidad alguna de victoria. Sabían que sólo el hombre mismo, podía devolver el gobierno al Creador.

Dios reveló, con su poderosa y dulce voz su plan: "El hombre vivirá la cosecha de su rebelión, la muerte. No puedo cambiar eso, pues sería actuar contra mi propia justicia. Pero, haré que caiga toda la condenación sobre un sustituto de descendencia humana, será inocente y sin contaminación en su naturaleza".

Representará al ser humano, enfrentará a Satanás y lo vencerá. Probará que el amor es más fuerte que el egoísmo, que la verdad es más poderosa que la mentira, y que la humildad es más poderosa que el orgullo.

Tomará la copa de la muerte en un gran sacrificio, dándole a los seres humanos la oportunidad de ser redimidos, y volver así al seno de su Creador, con el gobierno restaurado.

Y siguió diciendo el Eterno: "Yo seré ese hombre. Mi Espíritu vendrá sobre una virgen, y será engendrado un Hijo santo, el cual será divino y humano, sujeto siempre a la divinidad en él. Su nombre será Yoshua, que significa: El Eterno salva. Muriendo en lugar de los pecadores, pagará el precio del rescate".

Las huestes fieles, sorprendidas escucharon aquel plan del Eterno. La joven pareja experimentó en aquel momento, un gran vacío en su corazón, se llenaron de remordimiento y tristeza, consciente de que su codicia había sellado su triste suerte y la de toda la creación.

Lágrimas recorrían sus rostros, recordando la advertencia: "el día que de él comiereis, ciertamente moriréis". Adán, empezó a recriminar a Eva, y ella lanzó la culpa sobre el Creador. El amor que antes reinaba en sus corazones fue desplazado por el orgullo y el egoísmo.

La naturaleza misma ya no era un deleite para ellos, ahora había muchos obstáculos para caminar, un andar sin rumbo. Aquella noche fue más oscura de lo normal, las estrellas mismas revelan dolor. La pareja andaba cabizbaja a la espera del juicio.

De repente apareció en el cielo un brillo, que aumentaba a medida que se acercaba a la tierra. Ellos corrieron asustados y alejándose del monte Sión, ahora se escondían de la luz, la que un día disfrutaron y buscaron con anhelo profundo.

El Creador, con gran amor los siguió, recordando con tristeza los momentos felices que había tenido con ellos. Impulsado por su gran amor, levanto su poderosa voz, preguntado: ¿Adán, ¿dónde estáis? Su voz no halló respuesta.

Deseaba profundamente abrazar a la joven pareja, y expresarle palabra de cariño; pero, al ver a sus propios hijos huir de él, sintió gran dolor. El Eterno no renunció a su búsqueda por aquellos valles oscuros y con olor a muerte. Adán y Eva, fatigados por la huida a gran prisa, se habían escondido entre el follaje de una higuera.

Al ser conscientes de su estado desnudez, cosieron con aquellas hojas unos delantales. Al vestirse de ese modo, creyeron que podían evitar la vergüenza ante el Eterno.

Y como no podían seguir escondiéndose, Adán junto con su esposa, se levantó y vino ante el Creador, y ellos se postraron con gran temor ante él, debido al sentimiento de culpa.

Con amor, el Eterno, los tomó levantándolos del suelo, y les preguntó: ¿Por qué se esconde de mí? ¿Fue acaso que ustedes tomaron del árbol del bien y del mal? Adán respondió con temor y lágrimas: La compañera que me diste, me dio del fruto y comí. Adán culpaba a su esposa, buscando excusarse.

Mirando a Eva, el Eterno le dijo: ¿Por qué hiciste eso? Y ella le contestó: La serpiente me engaño y yo comí del fruto. Ninguno aceptaba su responsabilidad. En otras palabras, atribuían al Eterno la responsabilidad de lo sucedido. El Creador miraba sus hijos tímidos, confundidos delante de su presencia.

Con una profunda tristeza al Eterno miraba hacia el futuro, pues esa sería la actitud de multitudes de humanos en el transcurrir de la historia, y por lo cual se perderían. Con amor el Creador procuraba hacerles reconocer su culpa, pues así podrían ser ayudados.

También les dijo que aquellos delantales eran insuficientes para ellos, y les dijo que si lo deseaban, él les daría una vestidura verdadera. Ante aquella muestra de amor, la pareja se postró en arrepentimiento y se despojaron de sus vanas vestiduras, y anhelaban las vestiduras de salvación que el divino Padre les prometía.

Capítulo 8: Sacrificio del cordero, las vestiduras, amor, perdón y oposición de Satanás.

El Creador, contempló a sus hijos, quienes con arrepentimiento estaban postrados a sus pies, con amor los levantó, con alegría revelaba al ser humano su plan de redención para el hombre caído.

Ante la desobediencia les hizo conscientes de que se habían hundido en un abismo profundo, y que separados de la fuente de la vida el resultado era la muerte. Sin embargo, los invitó a seguirlo. Ellos con lágrimas le seguían.

Caminaban con dolor y lloro, ante la terrible espera de un juicio, reducidos a cenizas bajo la oscura noche del pecado para siempre. Podían mirar las bellezas del huerto adormecidas y a los animales inocentes de lo que pasaba. De pronto se detuvieron al estar ante un cordero, el más hermoso animalito.

Después de secarles las lágrimas, el Creador les dio orden de cargar en sus brazos al cordero inocente. Siguieron en silencio al Eterno, hasta llegar a la cima del monte Sión, donde había ocurrido aquella terrible caída. Recordaron allí la sentencia: "En el día que de él comiereis, morirás".

El momento había llegado, y el hombre debía tomar la amarga copa de la muerte, desvaneciéndose sin esperanza alguna. De pronto vieron, que las manos de Aquel que los había creado, empuñaban ahora un cuchillo afilado de piedra.

Mientras esperaban con miedo la sentencia y postrados ante el Creador, sintieron el suave toque de las manos del Eterno que los levantaba a vida nueva, pues la condenación recaería sobre el inocente cordero.

El Creador puso en las manos de Adán el cuchillo, y dijo: El cordero morirá en vuestro lugar. La pareja asustada ante el Creador, llorando clamó: Señor el corderito es inocente.

Con voz de justicia, el Eterno les respondió: "Si él no muere, no puedo darles las vestiduras de las que les hablé". Entonces, Adán, en un esfuerzo con dolor, clavó el mortal cuchillo en el pecho del corderito, el cual derramó su sangre, sumergiéndose en el abismo de tinieblas.

Al verlo tendido sin vida en el césped ensangrentado, la pareja lloró con su voz en alto. Empezaron a comprender la dimensión de su tragedia. Entonces, el Creador le quitó la piel al cordero e hizo las túnicas para cubrir así la desnudez de Adán y Eva.

El Señor les preguntó: "¿comprendisteis el sentido de lo que ha sucedido?". Y ellos dijeron: Él murió tomando nuestro lugar, y de esta manera nos dio las vestiduras. Ellos comprendieron la realidad física de aquel momento, lejos de comprender el gran significado de aquel suceso.

El Eternos les explicó: Este inocente corderito representa a un hombre que ha de nacer, con el mismo amor y ternura, limpio y puro como la blanca lana del cordero, no llevará ataduras de pecado, sin la gloria de un rey y será menospreciado por muchos.

Llevará sobre sí muchos dolores, luchará contra el enemigo y al final lo vencerá. Llevará la carga de vuestra condenación. Será traspasado por vuestra rebelión y quebrantado por vuestra iniquidad.

Será menospreciado y oprimido, sin embargo, no abrirá su boca, como el corderito que hoy entregó su vida de manera pacífica. Entregándose a muerte, os dará vida, y envueltos por sus vestiduras de justicia, seréis libres de toda condenación.

Mediante aquel sacrificio alcanzaréis la vida eterna. La pareja con gratitud y dolor al mismo tiempo, escuchaba la revelación del Eterno. Ellos preguntaron acerca de ese hombre tan especial, y el Creador con un inmenso amor los miró, y les dijo: Yo seré aquel hombre.

Comprendiendo ahora el verdadero significado de aquel sacrificio, se postraron a los pies del Creador y dijeron: Nosotros somos los merecedores de aquella muerte, tú eres inocente. Él les dijo: Yo los amo con amor eterno, yo moriré en vuestro lugar.

Al escuchar aquella confirmación, levantaron su voz y lloraban diciendo: Nosotros matamos al Creador. Más el Eterno les dio consolación al decirles: Después de tomar la copa de la muerte eterna, yo retomaré la vida y ascenderé al cielo.

Allí, haré intercesión por el hombre caído, y serán concedidas las vestiduras de justicia y victoria a todos lo que arrepentidos acepten mi sacrificio de redención, y triunfaremos ante el reino de la maldad.

Crearé un cielo nuevo y una tierra nueva, en donde la justicia y el amor gobernarán, y viviremos en un reino de paz y armonía perfectas. Finalmente, el Eterno concluyó diciendo:

Ahora el paraíso estará vacío. En su exilio, el ser humano andará vagando durante la noche oscura del pecado. No estará solo, pues el Eterno también pisará los caminos difíciles hasta volver al monte perdido, en un gran triunfo sobre el reino de la muerte y la maldad.

En aquel entonces, será destruido el árbol de la ciencia del bien y del mal, y se dará lugar a un nuevo árbol que unirá su copa al árbol de la vida formando un arco en honor al triunfo. El trono universal descansará en el monte Santo, trono que será llamado: El trono de Dios y del Cordero.

Entonces, al escuchar estas palabras de esperanza, Adán y Eva levantaron un cantico de alabanza y gratitud. Después de aquella consolación, el Eterno llevó a l pareja fuera del paraíso. Por todos sus gratos recuerdos fue muy difícil dejar este lugar.

Satanás y sus seguidores, con gran espanto fueron testigos de la obra del Eterno. Con frustración y mucho enojo, entendieron que sí aquella promesa divina se cumplía, ellos no tenían esperanza alguna.

Satanás no iba a permitir que el ser humano fuese redimido, haría todo lo que fuera posible para impedirlo. En el momento en el que la pareja llegó al valle que había sido herido por la muerte, Satanás vino contra ellos con gran ira, con el propósito de adueñarse de nuevo del ser humano.

Con temor la pareja estuvo ante el rostro del enemigo, pero la protección divina los tranquilizó. El Creador con su voz de justicia, silenció las palabras amenazantes de Satanás al decir: "El ser humano es de mi propiedad, lo he comprado con mi sangre".

Al caminar observaban que la naturaleza había cambiado sus colores y cantos a un tono triste y gris. Aquel conocimiento del bien y del mal no había traído nada bueno al Universo creado, conscientes de todo esto, ellos se postraron y lloraron.

Nuevamente el Eterno, les habló del nuevo cielo y de la nueva tierra, escenario en donde la paz y el amor sería lo que reinaría en cada corazón, coronados de un triunfo eterno.

Siguieron al Eterno hasta llegar el pie de una colina, y subieron despacio mientras hablaban con esperanza sobre las nuevas promesas, hasta llegar finalmente a la cima de aquella colina.

La pareja contempló con tristeza y nostalgia a la distancia los paisajes que un día fueron su alegría, y lloraron al contemplar el monte Sión y al recordar su caída. El Eterno les habló diciendo:

Esta será vuestra temporal habitación, y podréis observar el huerto del Edén, el cual por un tiempo más estará sobre la tierra, hasta cuando sea levantado a su lugar original, en la Jerusalén celestial.

Estarán aquí, protegidos por la justicia hasta que llegue el día de la victoria y regresaremos juntos a Sión, en un reino de paz y felicidad.

Luego les dio orden de construir un altar, en el que cada noche antes del sábado, deberían sacrificar un cordero, recordando su sacrificio. Como evidencia de su presencia y de su perdón, él encendería fuego en el altar toda la noche hasta consumir el sacrificio por completo.

Debían fortalecer su fe, pues él estaría invisible, y sólo en ocasiones especiales aparecería o sus ángeles, para advertirles o revelar nuevos asuntos. Con tristeza los miró, y les habló con amor:

Hijos, no tengan temor, aunque este ambiente sea difícil, yo estaré a vuestro lado. Les ayudaré en sus luchas, crisis, adversidades, y cuando el enemigo venga y estén a punto de ceder, pueden venir a mis brazos para hallar protección. Aunque sintáis que son arrastrados por el abismo, allí estaré con mi perdón y ayuda, para acudir en ayuda vuestra.

Recuerden siempre el significado de las vestiduras, pues ellas hablan de la redención que le pertenece al hombre. Viendo Eterno que estaban cansados, los acarició con cariño hasta hacerlos dormir como de costumbre. Con dolor el Creador dejó a la pareja dormida sobre la hierba.

En aquella primera noche se despertaron sin poder conciliar más el sueño. Lloraron hasta el amanecer. Aunque invisible, el Eterno permanecía al lado de ellos en aquella colina. Con lágrimas que mojaban su rostro veía el doloroso futuro que les esperaba.

La noche del pecado sería larga, e intensa la batalla por la reconquista del reino perdido. En la persona del Mesías, en el tiempo divino, habría de nacer para pagar el precio de la redención. Todos los que le aceptasen como su Salvador, serían perseguidos por el enemigo; pero, al final los redimidos triunfarían.

El Eterno contempló las huestes rebeldes, el objetivo de aquellos ejércitos era tomar de nuevo el control del ser humano. En defensa de sus hijos, el Creador estaba dispuesto a utilizar su poder. Esta fuerza divina sería utilizada en justicia.

Adán y Eva al arrepentirse de su pecado, habían recibido por misericordia divina las vestiduras de salvación, representadas por las pieles del cordero sacrificado.

El Eterno convocó a sus ejércitos poderosos para la batalla, diligentes y obedientes las huestes se desplazaron en dirección a la tierra.

Adán y Eva, reunían piedras para construir el altar que el Eterno les había ordenado. Había dolor en su corazón al pensar en el sacrificio del cordero, y experimentaban fatiga y sudor al realizar esas labores.

Aquel altar con sus rastros de sudor y sangre, estaría allí como una muestra del dolor y del sufrimiento que conlleva la rebelión y el rescate. Después, con gran anhelo por conocer el nuevo hogar, Adán y Eva, salieron a caminar por el lugar.

A media que caminaban, iban por en medio de sonrisas y lágrimas, flores hermosas y otras no tanto, animales dóciles y otros peligrosos y feroces. Ellos veían dos mundos, el de la luz y el de las tinieblas. El del amor y el del egoísmo. El de la vida y el de la muerte. Todo esto produjo lágrimas en sus rostros.

Llego la hora del sacrificio, y si no lo realizaban, no habría un nuevo amanecer, ni esperanza en el Edén. Ellos se preguntaban ¿Quién se iba a ofrecer? Y lloraron al recordar que el Eterno se ofrecería.

Ahora, la pareja enfrentaba un desafío de fe, pues ellos no tenían ninguna oveja para el sacrificio. Al ver como caía el sol, ellos clamaron a Dios por su ayuda, necesitaban un milagro de provisión, requerían un cordero para sacrificar.

Cuando las sombras de la noche empezaban a envolver la colina, la pareja vio un pequeño punto blanco que saltando venia hacia ellos, mientras se aproximaba aquel bulto anunciaba esperanza y vida.

Al ver la respuesta a su clamor, ellos corrieron hacia el cordero. Estaba sediento, pero él debía entregar su vida, en símbolo de la obra del Redentor que dejaría su gloria para rescatar al ser humano.

El cordero es extendido para esperar su sacrificio, el hombre con dolor debe ejecutar la orden. De este modo, las manos que construyeron el altar, ahora se levantan para herir, pagando con sangre el precio del perdón.

Luego se arrodillan ante el altar aceptando el perdón. Luego se recostaron en el suave césped, y se quedaron dormidos hasta el sábado. En el altar sólo brillaba el fuego del sacrificio durante aquella noche, fuego que no se apagaba a pesar de la fuerza de las tinieblas.

Y en medio del horizonte, se levantaba un rayo de luz, el cual traía calor y sabor de victoria, envolviendo todo con su vida. Y siendo bañados por los rayos del sol y de la esperanza, Adán y Eva, despierta en aquel sábado, símbolo de descanso en el reino de la luz.

Adán y Eva, que estaban habituados a la belleza de las flores eternas del huerto, las veían ahora en medio de espinas amenazantes dispuestas a lastimarlas. A pesar de eso, las flores no dejaban de dar su dulce y suave aroma honrando al Creador.

Impulsados por una gratitud inmensa, la pareja observaba y contemplaba la obra de aquellas flores, las cuales nunca se cansaban de bendecir y dar su aroma, en medio de su ambiente hostil. Luego, olvidadas, se transformaban en polvo dispersado por el viento.

Aquello le enseñó a la pareja el renacimiento de la vida, al morir las flores daban vida a los frutos, los frutos luego de servir de alimento daban semillas, y en la muerte de aquellas semillas aparecía la vida de un nuevo árbol. Cada flor era pues un símbolo del amor del Salvador, que había de nacer en medio de espinos, pero con el aroma de la salvación.

De este modo, como la flor, el Mesías, después de enseñar que el amor y el perdón son más fuertes que todo el odio, y que la verdad y la justicia del reino de Dios son mayores que la mentira y la injusticia del reino del enemigo, derramaría su vida para redención de los culpables.

Capítulo 9: Sacrificios al Eterno. Protección divina. Caín y Abel.

Adán y Eva crecían en amor a Dios, y en sabiduría y humidad. Aquellas hermosas virtudes destruidas por el pecado, empezaban poco a poco a ser restauradas en sus corazones.

La colina poco a poco se convirtió en un pequeño Edén, pues la pareja se dedicó a plantar hermosos jardines, que por la bendición del Creador, se llenaban de flores, aromas y frutos exquisitos. Había muchos animales y ovejas que venían a este lugar como su refugio.

Cada noche antes del sábado, por orden del Eterno, Adán sacrificaba un cordero, y por tanto, recordaban con tristeza el precio de la desobediencia, y al mismo tiempo, la llama del perdón que ardía en el altar los llenaba de esperanza.

Viendo, Satanás que el uso de la fuerza no le daría el triunfo, planeó apartar a la pareja de la fe en el verdadero sacrificio del cordero, de manera que confiarán más en lo símbolos como fuente de perdón y salvación, haciéndolos olvidar del sacrificio que Dios les había promedito.

Pasaron muchas noches, y la pareja recordaba con nostalgia la presencia palpable de Dios. Tiempo después, llegó un día más de sacrificio, y cuando Adán con lágrimas en sus ojos se disponía a hacerlo, una intensa luz gloriosa resplandeció.

La pareja pudo contemplar al Creador, quien con un inmenso amor les extendía sus brazos como antes; la pareja lo abrazó con muchas lágrimas, el Padre conmovido también lloró.

Ellos caminan con él y le muestran los jardines, sus lecciones aprendidas en aquella naturaleza, así como el rebaño de ovejas que cuidan con amor. El Eterno les enseña el valor de los sacrificios para mantener vigente la verdad de un Salvador que habría de venir. Los corderos eran un símbolo del Mesías Rey.

El Eterno les advirtió sobre el peligro de apegarse a los símbolos para encontrar en ellos perdón y salvación. Debían enseñar a sus generaciones esto también. También les reveló el Eterno que cuando treinta y seis de aquellos corderos hubiesen sido sacrificados en el altar, ellos tendrían su primer hijo.

Como los corderos, ellos saltarían de gozo con su nuevo hijo, debían enseñarle las leyes y el camino de la redención. Sería responsable de sus decisiones, y acogiendo la enseñanza seria vencedor, al rechazarla caminaría hacia la derrota.

Así, después de treinta y seis corderos sacrificados, Adán atendió a su esposa, quien postrada del dolor dio a luz el primer hijo. El niño lloraba, la tristeza de la prisión no le permitía disfrutar la libertad. Sin embargo, sus ojos se concentraron en aquella llama de esperanza sobre el altar.

Eva lo envolvió con gozo y consuelo en las suaves pieles de un cordero, diciendo: "Alcancé del Señor la promesa", y fue entonces cuando le puso por nombre: "Caín".

Ellos se preguntaban si aquel hijo, sería el cumplimiento de la promesa. Bendecido por el Eterno y cubierto de amor por sus padres, Caín crecía física y mentalmente. Adán y Eva, procuraban enseñarle las verdades de la salvación.

En cierta mañana escucharon a su hijo pronunciar el nombre del poderoso Creador, emocionados lo tomaron en sus brazos y le hicieron repetir el nombre, y todas las huestes de la luz le escucharon con alegría mencionar el nombre.

El hijo seguía creciendo, y en un atardecer le preguntó a su madre: ¿Por qué el sol, se va poco a poco, y deja todas las cosas en el frío de las tinieblas?

Besando su rostro, le dijo: Un día el sol vendrá para quedarse, y con su luz traerá armonía, y los corderos no tendrán que morir sobre el altar". En el corazón de Caín empezó a surgir un gran deseo para que el sol del nuevo día se quedará, y le hiso prometer a su madre que le pediría que se quedara.

Al día siguiente, Caín jugaba con alegría y de pronto se dio cuenta que el sol corría hacía el occidente. Corrió a su madre, preguntándole sobre su promesa, y ella decidió contarle la historia de la redención.

Caín insatisfecho porque el sol no se quedaría, lloraba y con fuerza decía: "Yo quiero el sol ahora, no mañana". Eva, con paciencia el enseñaba sobre el amor de Dios, finalmente entre lágrimas Caín se iba durmiendo y decía: "Yo quiero al sol porque yo puedo verlo, al Eterno no".

Las palabras de Caín hicieron llorar a Eva. Todos en el Universo creado lloraron con ella. En el corazón del Eterno hubo gran tristeza, pues aquel rechazo, era una pequeña, pero importante, evidencia de la rebeldía.

Adán, distante de estos acontecimientos, volvía de su trabajo con gozo y expectativa de encontrarse con los suyos. Al llegar encontró a su esposa y a su hijo llorando.

Adán se sintió culpable e impotente al no poder solucionar el resultado de la desobediencia, y por eso se unió a ellos en llanto. El recordar la promesa del Salvador consoló su corazón, y les dijo: "Podemos alegrarnos, pues Dios prometió que un día el sol brillará siempre en el cielo". Caín permaneció en silencio, sin consuelo, y después de varias horas se quedaron dormidos.

El enemigo y todas sus huestes, tomaron las palabras del rechazo del niño para hacer burla de Dios y de sus huestes fieles por todo el Universo, y decían: Lo mismo sucederá con toda su descendencia. Con todo esto procuraban hacer desistir al Eterno de su plan de redención.

El Eterno con poder respondió a estas palabras perversas: Aunque todos ellos me rechacen, yo cumpliré lo que he prometido. El Creador procuraba proteger a Caín, y por eso ángeles poderosos espantaban las tinieblas espirituales que lo acechaban, las cuales intentaban volverlo insensible a las bendiciones de la salvación. Así, como sus padres le enseñaban sobre lecciones espirituales.

Le enseñaban en cada sacrificio la esperanza de un Salvador, conmovido ante la enseñanza, igual vacilaba. En cierta ocasión, no quiso escuchar el consejo de sus padres, y más bien los acusó diciendo: Ahora no tenemos sol, y es por vuestra culpa".

Mirando hacia el distante Edén, Caín cuestionaba las palabras de sus padres y en su corazón nacían los deseos de aventura por conocer aquel lugar. En sus planes no había necesidad de un Salvador, por eso, los días de sacrificio pasaban y Caín rechazaba cada vez más la gracia del Eterno.

Con su actitud y corazón incrédulo llegó a negar la existencia de Dios. Un día, sonriendo con incredulidad, dijo a sus padres: Si alguna vez se hiciera visible en un sacrificio, creería en él.

Sus padres empezaron a pedir a Dios aquella manifestación que salvaría a su hijo de la condenación hacia donde se dirigía. El Creador escuchó su ruego, aunque sabía que eso difícilmente tocaría el rebelde corazón de Caín.

Así pues, llegó el día sexto. En el rostro de sus padres, había fe, esperanza y expectativa, hasta el mismo Caín les ayudó a preparar las cosas del sacrificio. Adán, como era costumbre, levantó el cordero rogando al Creador por la salvación de su hijo amado.

Ante el sincero ruego de su padre, Caín lloró de la emoción. En aquel solemne momento, un glorioso brillo resplandeció, los ojos de Caín miraron los ojos llenos de ternura del Creador.

Caín dijo: "Es joven como yo, y se parece al sol". Sus padres vieron como su hijo era cubierto por los brazos del Eterno. Después de aquel largo abrazo, también abrazó a la pareja, y todos salieron, con alegría, a caminar por los jardines de aquella colina.

Caín, conquistado por el amor del Padre Eterno, le enseñaba su jardín lleno de flores, así como los animales que estimaba. Ya que Caín amaba mucho al sol, comenzó a hablarle de él.

Le dijo: "Es bello, pero cuando se va deja lágrimas, tristeza y temor. Cuando vuelve la naturaleza se despierta, las tinieblas se van y todo vuelve a ser feliz, pero aquella felicidad se acaba otra vez".

Caín le dijo: "Papá dice que tu creaste al sol ¿Es verdad?". Dios le contestó que sí. Entonces preguntó: ¿Por qué huye? Dios le dijo: "Es el mundo el que huye de él". Y el Eterno empezó a contarle la historia de Lucifer.

Le dijo el Creador: "con su astucia y sus engaños, el ángel rebelde, procuró arrastrar al ser humano hacia las tinieblas, y lo consiguió". Aquel día el sol lloró, con lágrimas de sangre bañó el cielo, y en su último aliento de luz prometió volver un día y brillar para siempre.

Hoy día, el ángel rebelde sigue prometiendo a sus seguidores que con su fuerza detendrá el sol, pero nunca lo logrará, porque él no tiene el lazo que lo puede detener, el cual es el amor".

Caín escuchaba todo esto, que había ya escuchado de sus padres. Él no veía razones para todo aquello, ¿Por qué no transformar las tiemblas en luz? Con amor el Creador le enseñó que sólo la sangre del sacrificio podría hacer brillar el sol para siempre.

Finalmente, el Eterno miró a Adán y a Eva, y los consoló con la promesa del nacimiento de otro hijo. Después de contar treinta y seis sacrificios más, sus brazos cargarían al segundo hijo. Y aunque nacería en dolor, en sus ojos brillaría el consuelo de la salvación.

Su fiel testimonio sería enseñanza por todas las generaciones. Las semanas transcurrían trayendo con ellas, alegrías y tristezas a la pareja. Alegría por el nuevo hijo, tristeza al ver el distanciamiento de Caín hacia la muerte.

Caín había sido deslumbrada ante la presencia gloriosa del Eterno, pero eso no cambió su rebelde corazón y su arrogante modo de pensar. En los días siguientes cuestionó las acciones del Creador, y creía ser más sabio que el Eterno.

Con todas estas cosas y pensamientos, Caín se hundía cada vez más en el abismo de la soberbia y del egoísmo. Aquel había sido el mismo camino de Satanás y sus huestes.

Sin embargo, el amoroso Padre Dios, no cesaría en sus intentos por salvar a Caín de su destino de condenación y ruina eterna.

Aquella gracia sin merecer, resultado del amor divino, sería concedida a toda persona que naciese en este mundo.

La familia es diseño de Dios, y la Biblia misma enseña que la serpiente atacó y dañó la familia en el Edén; luego en el diluvio, sólo una familia fue salva: la de Noé; luego faraón en Egipto dio la orden para que todo niño hebreo que naciera lo mataran; y Herodes dio orden para que mataran en Belén y alrededores a todo niño varón menor de dos años; eventos que nos permiten ver la intención constante del diablo por destruir la simiente de Dios.

a) Melquisedec desde Génesis 14.

La Escritura nos dice que Lot vivía sin discernimiento, Génesis 14:12 "Tomaron también a Lot, hijo del hermano de Abram, que moraba en Sodoma, y sus bienes, y se fueron".

La ciudad donde vivía Lot era Sodoma, estaba allí con su familia e hijos, era un lugar conocido por su depravación, desde el más pequeño hasta el más grande, Lot escogió ese lugar porque lo vio bonito y "prospero", pero no había temor de Dios, ni era el lugar apropiado para educar a sus hijos.

Su nombre Lot significa: envuelto, cubierto, oculto, escondido. Su propia oscuridad, sus propias tinieblas lo llevaron a Sodoma. La práctica homosexual en la Biblia se denomina varias veces sodomía, por la característica de la ciudad.

Lot fue despojado y hecho prisionero, versículos 13-14a "Y vino uno de los que escaparon, y lo anunció a Abram el hebreo, que habitaba en el encinar de Mamre el amorreo, hermano de Escol y hermano de Aner, los cuales eran aliados de Abram. Oyó Abram que su pariente estaba prisionero".

El enemigo tomó a Lot, a su familia y sus bienes. La palabra prisionero también traduce del hebreo al español: cautivo, robado, transportado. A veces nuestra familia por malas decisiones, se encuentra en un estado de cautiverio, ha sido despojada, ha perdido el gozo de Dios, han perdido sus bienes, o son prisioneros de alguna adicción, de la depresión o de la idolatría, etc.

Armas para luchar por nuestra familia.

El perdón.

Génesis 14:14 "Oyó Abram que su pariente estaba prisionero, y armó a sus criados, los nacidos en su casa, trescientos dieciocho, y los siguió hasta Dan".

Aunque la relación entre ellos no había terminado bien, Abram no tenía ningún resentimiento hacía su sobrino Lot, por el contrario, tenía un corazón perdonador y quiere el bienestar de sus familiares.

Las crisis familiares son también una oportunidad para crecer en amor y en el ejercicio del perdón. Aunque Abram tenía 318 criados, estaba muy bien, tranquilo y próspero, él no fue indiferente a la situación de su sobrino.

Un gran enemigo en los matrimonios es la indiferencia, la cual se levanta como un muro que trae frio y oscuridad a la casa. La solución es caminar en el verdadero amor, el cual viene de Dios (esto es comunión con él).

La guerra espiritual (intercesión objetiva).

Abram derrotó a cuatro reyes cananeos: Génesis 14:1-2. Canaán no sólo era la fuerza y potencia del momento, sino que era la cuna de la ciencia y el ocultismo, sus dioses eran innumerables, los nombres de estos reyes y sus tierras nos revelan sus prácticas y creencias:

AMRAPHEL REY DE SINAR, significa: uno que habla de secretos. Guardia de los dioses. Rey de Sinar es decir: Babilonia. Conocedor de los secretos de los dioses babilonios (ocultismo).

ARIOCH REY DE ELASAR: grande, alto, como león. Siervo de la diosa luna.

QUEDORLAOMER REY DE ELAM: "siervo de la diosa Laqamar" (diosa de Elam).

TIDAL REY DE GOIM: Renombrado. Conocimiento elevado. Dirige un grupo de pueblos al norte de Babilonia, no identificados.

Por encima de todos estos poderes ocultos, Dios le dio la victoria a Abram. Nunca los poderes de las tinieblas, ni la crisis, ni los problemas serán más grandes que el poder de Dios.

La perseverancia (Génesis 14:14-15).

"Armó a sus criados", y "cayó sobre ellos de noche y les atacó", aunque Abram no era un guerrero, se armó de valor para salvar a su familia. Abram moraba en el encinar de Mamre, y "los siguió hasta Dan" (viaje de aproximadamente de doscientos kilómetros) y allí los atacó (es interesante que "Dan" significa "juicio"), y volvió a perseguirlos "hasta Hoba (que significa "Escondedero") al norte de Damasco", (viaje de ciento sesenta kilómetros aproximadamente). Abram batalló por su familia en varias ocasiones, y no se desanimó, ni descansó hasta rescatarlos.

Es muy importante, volver a valorar lo que es realmente valioso.

Génesis 14:16 "Y recobró todos los bienes, y también a Lot su pariente y sus bienes, y a las mujeres y demás gente".

"Recobrar" en otras versiones bíblicas se traduce: recuperar, reconquistar, volver a traer. ¿Qué fue lo que Abram recuperó? A su sobrino Lot. A las mujeres y demás gente. Todos los bienes (el patrimonio familiar).

¿Qué será necesario recuperar en casa? Tal vez, la paz, el amor de esposos, el cariño y ternura hacía los hijos, el tiempo de calidad, recuperar la estabilidad económica, la devoción a Dios como familia, traer a los otros miembros de la familia a Cristo, etc.

Ejerce tu sacerdocio delante de Dios: Génesis 14:18-20.

"Entonces Melquisedec, rey de Salem y sacerdote del Dios Altísimo, sacó pan y vino; y le bendijo diciendo: Bendito sea Abram del Dios Altísimo, creador de los cielos y de la tierra; y bendito sea el Dios Altísimo, que entregó tus enemigos en tu mano. Y le dio Abram los diezmos de todo".

Abraham tiene un encuentro con el sacerdote del Dios altísimo: Melquisedec (es Cristo manifestado antes de su encarnación en Belén, esto es una Cristofanía).

Es precisamente Cristo quien nos redime de todo pueblo, lengua y nación y no hizo sacerdotes para Dios su Padre. "El pan y el vino" hace alusión a la cena del Señor, momento de suma intimidad con Dios (la cena en la mentalidad judía era un momento de intimidad). También lo vemos en cuando Jesús lo declara en Apocalipsis 3:20.

No te desgastes discutiendo o justificando tus razones, ve a la presencia de Dios y él hará. Tu esposo(a) no cambiará por la cantidad de palabras o discusiones que tengan, nunca podrás provocar los cambios que sólo Dios podrá hacer en el corazón de tu cónyuge. Y cuando hablemos, lo haremos con la sabiduría que en el secreto con Dios hemos recibido.

Que interesante, ver que Abram diezmó, la Biblia nos enseña que el diezmo es cobertura, por eso dice: "y yo reprenderé por vosotros al devorador y no destruirá el fruto de vuestra tierra". El diezmo es cobertura para tu casa.

Evita las propuestas del rey de Sodoma.

Génesis 14:21-23 "Entonces el rey de Sodoma dijo a Abram: Dame las personas, y toma para ti los bienes. Y respondió Abram al rey de Sodoma: He alzado mi mano a Jehová Dios

Altísimo, creador de los cielos y de la tierra, que, desde un hilo hasta una correa de calzado, nada tomaré de lo que es tuyo, para que no digas: Yo enriquecí a Abram".

"Sodomitas" fue el término que se usó en el Antiguo Testamento para referirse a las personas que ejercían el pecado sexual que abundaba en Sodoma. De hecho, el término "Sodoma" significa: secreto, y Gomorra significa: gente rebelde.

El rey de Sodoma le hace una propuesta a Abram: "Dame las personas, y toma para ti los bienes". La palabra "personas" según el Dicc. Vine desde el hebreo también traduce "almas". Entonces el rey de Sodoma le propone a Abram "dame las almas y toma el dinero". Propuesta que se sigue escuchando hoy día.

El rey de Sodoma (espiritualmente hablando) sigue presentando sus propuestas a los hijos de Dios (ofrece dinero fácil, aventuras extramatrimoniales, etc.). Pero recuerda Abram no vivió en Sodoma y Gomorra, él no escogió ese camino, él le dijo al rey de Sodoma (figura del tentador): "de ti no recibiré nada, para que no digas yo prosperé a Abram; yo sé que mi bendición y mi socorro viene de Jehová que hizo los cielos y la tierra". Sé fiel a Dios, porque él es fiel contigo y no dejará avergonzado a aquel que en él cree.

Dios responderá a tu perseverancia, él responderá a tu fe y amor por tu familia, no te desanimes por las actitudes en tu casa, o por lo que el enemigo esté haciendo, lucha por tu familia. Dios peleará contigo y verás milagros en tu casa.

b) Cristo es declarado por Dios sumo sacerdote según el orden de Melquisedec.

¿Cuál es nuestra reacción cuando las cosas no salen cómo queremos? ¿Qué hacemos cuando el camino que Dios ha trazado no nos gusta? Seguramente tendremos diversas reacciones, pero al final debemos concluir que no se trata de nuestros gustos o deseos personales sino de hacer la voluntad de Dios.

La intensa oración de Jesús, según Hebreos 5:7

"y Cristo, en los días de su carne, ofreciendo ruegos y súplicas con gran clamor y lágrimas al que le podía librar de la muerte, fue oído a causa de su tero reverente".

Debemos destacar la frase "en los días de su carne" pues fue cuando él ofreció ruegos y súplicas con gran clamor y lágrimas, y sí nuestro Señor siendo Dios lo hizo ¿cuánto más nosotros? El Señor dependió del Padre celestial para cumplir el plan divino en la tierra, y esa dependencia quedo demostrada en la intensidad de sus oraciones.

Nos dice el texto que el Señor levantó sus oraciones "al que le podía librar de la muerte" y esto hace referencia a aquella oración que Jesús hizo en el huerto de Getsemaní. Enfrentaba la cruz, cargaría con nuestros pecados y enfermedades, llevaría sobre sí nuestras maldiciones y en su naturaleza humana experimentaría la muerte.

Nos dice finalmente el versículo siete que "fue oído a cusa de su temor reverente" en primer lugar el haber sido oído no significaba que el Padre celestial quitaría del camino la cruz, sino que fue atendido, comprendido y fortalecido pues Dios envió un ángel para darle fuerzas.

En segundo lugar "Fue oído" pues al tercer día resucitó y su alma como estaba escrito, no fue dejada en el Hades, ni su cuerpo vio corrupción. Jesús confió en las palabras de su Padre y su fe no fue avergonzada, pues fue levantado sobre todo nombre.

En tercer lugar, el "temor reverente" indica sumisión, reverencia, precaución. En nuestro español reverencia también indica postración, y de hecho Jesús en Getsemaní oró postrado en tierra, y su ruego estuvo enmarcado en su sometimiento al Padre, y en su precaución para no pedir lo incorrecto, por eso decía el Señor: "pasa de mí esta copa, pero que no se haga mi voluntad sino la tuya".

Es muy interesante reflexionar en Marcos 14:35-36 "Yéndose un poco adelante, se postró en tierra, y oró que si fuese posible, pasase de él aquella hora. Y decía Abba, Padre, todas las cosas son posibles para ti; aparta de mí esta copa; más no lo que yo quiero, sino lo que tú".

Pues podemos ver allí la confianza con la que Jesús se dirige al Padre celestial "Abba, Padre, todas las cosas son posibles para ti" y aquella confianza no hace que él pierda su reverencia y sujeción, pues luego le dice: "aparta de mí ésta copa; mas no lo que yo quiero, sino lo que tú".

Creo que Jesús escuchaba del Padre: "Es necesario ir a la cruz" con las lógicas palabras de aliento y fortaleza que sólo Dios nos sabe dar, recordándole sus promesas: "No dejaré tu alma en el Hades… ni tu carne verá corrupción… al tercer día te levantaré"

Dios es fiel y bueno, él sabe muy bien lo que hace, aunque a veces no podamos entender su voluntad él hará lo mejor para todos. Deposita tu corazón con toda tranquilidad en Dios, él tiene cuidado de ti.

Lamentablemente, desde el comienzo el hombre ha tenido dificultades para obedecer a Dios, lo vemos desde Adán, quien a pesar de conocer el consejo divino hizo lo que deseaba y vemos los tristes resultados. Hoy día Cristo, el postrer Adán, vive en nosotros y por él podemos obedecer a Dios.

El Señor Jesús con su vida terrena nos enseñó la obediencia.

Hebreos 5:7-8 "Y Cristo en los días de su carne, ofreciendo ruegos y súplicas con gran clamor y lágrimas al que le podía librar de la muerte, fue oído a causa de su temor reverente. Y aunque era Hijo, por lo que padeció aprendió la obediencia".

En el versículo siete se nos permite ver la faceta humana de Jesús, en donde siendo Dios ruega a su Padre por fortaleza y ayuda ante el momento difícil que tenía que vivir, y fue oído es decir atendido.

El versículo ocho nos enseña que en Dios no hay excepción de personas. Pues "aunque era Hijo" padeció y aprendió la obediencia, es decir en Dios no hay atajos, ni podemos engañarlo, ni los argumentos ni las excusas pueden evitar los procesos que forman parte del plan divino.

La expresión "por lo que padeció aprendió la obediencia" nos dice varias cosas:

La palabra "padecer" también significa: pasar por una experiencia que implica dolor. Esto nos habla de su sufrimiento en la cruz.

La palabra "aprender" no significa que el Señor tenía que aprender algo que no sabía; más bien hace referencia a la vivencia de la cruz en su naturaleza humana, cosa que nunca antes el Verbo (Jesucristo) había vivido. Es decir, esta experiencia lo llevó a vivir la obediencia al máximo, ésta fue la mayor evidencia de su obediencia al Padre celestial.

La palabra "obediencia" aquí se traduce del término griego "jupakoe" que significa también "escuchar con atención". Entonces la primera fase de la obediencia está en el oír la palabra de Dios, ya que ésta viene cargada de poder para hacer aquello para lo cual es enviada. El terreno ideal es un corazón manso, pues la tierra dura hace resistencia a la semilla de la palabra.

Es muy interesante ver que Jesús oró tres veces en el huerto de Getsemaní diciendo las mismas palabras: Mateo 26:44-46

"Y dejándolos, se fue de nuevo, y oró por tercera vez, diciendo las mismas palabras. Entonces vino a sus discípulos y les dijo: Dormid ya, y descansad. He aquí ha llegado la hora, y el Hijo del Hombre es entregado en manos de pecadores. Levantaos, vamos, ver se acerca el que me entrega".

Como podemos ver Jesús no fue la cuarta ni la quinta ni más veces. Tengamos presente que en la Biblia el número tres significa: "perfección en testimonio", cuando el Señor se levantó la tercera vez tenía absolutamente clara la voluntad del Padre (creo que allí nuevamente el Padre le confirmó la necesidad de dar su vida en sacrificio). Debía ir a la cruz, y fortalecido allí salió a hacer la voluntad divina.

Como nos enseña Jesús, quizá vivamos momentos difíciles en la vida, debemos ir a la presencia de Dios y fortalecernos en oración, el Señor bueno y poderoso nos fortalecerá para seguir adelante, y lograr de su mano resultados maravillosos.

Sin embargo, una y otra vez nos encontraremos ante muchas decisiones donde básicamente debemos escoger entre hacer la voluntad de Dios o la nuestra. La Biblia nos enseña que renunciar a nuestros propios deseos para seguir el consejo del Señor siempre será lo mejor.

Es necesario obedecer primero a Dios, el camino del Señor es perfecto y seguir su palabra es vida y refrigerio para nuestro ser.

Cristo un sacerdote perfeccionado.

Hacer la voluntad de Dios es bendición para nosotros y para muchos. Hebreos 5:9 "Habiendo sido perfeccionado, vino a ser autor de eterna salvación para todos los que le obedecen".

Nos dice la Biblia que Jesús "habiendo sido perfeccionado" frase que no quiere decir que Jesús no era perfecto. En realidad, la palabra griega para perfeccionar usada aquí significa, además: completar, lograr, terminar.

Entonces nos dice que Jesús habiendo terminado o completado la obra vino a ser Salvador del mundo, entonces la obediencia de Jesús en el marco del dolor vino a ser nuestra salvación y bendición.

No es bueno renunciar a los procesos de Dios con nosotros, quizá cada uno tiene su propio Getsemaní, recuerda que el huerto de Getsemaní estaba en el monte de los Olivos, y el nombre Getsemaní significa "prensa de aceite" de allí sacaban después de triturar o pisar las aceitunas el valioso aceite de oliva.

Renunciar o salir corriendo ante el trato de Dios con nosotros es perdernos lo valioso que el Señor nos quiere dar, más bien debemos seguir el ejemplo de Jesús, es decir postrarnos y buscar la fortaleza de Dios y así superar los obstáculos del camino para lograr la meta que él ha diseñado para nosotros.

Cristo declarado sumo sacerdote según el orden de Melquisedec.

Hebreos 5:9-10 "Y habiendo sido perfeccionado, vino a ser autor de eterna salvación para todos los que le obedecen, y fue declarado por Dios sumo sacerdote según el orden de Melquisedec".

Como podemos observar la Biblia nos dice en el versículo nueve "vino a ser autor de eterna salvación" y en el diez nos dice: "fue declarado sumo sacerdote". Entonces fue la cruz el momento más doloroso en la vida de Jesús, pero el Padre celestial le tenía grandes privilegios después. Había grandes cosas después de la cruz.

Tal vez estés pasando por tiempos muy difíciles y duros, o tal vez consideres que no vas a poder soportar lo que estás viviendo, pero así como el Padre celestial envió un ángel para fortalecer a su Hijo Jesús él hoy te da nuevas fuerzas, hoy te recuerda que detrás de todo obstáculo hay grandes bendiciones y victorias.

Dios busca corazones dispuestos a hacer su voluntad.

El Señor Jesús vino a ser autor de eterna salvación, y fue declarado sumo sacerdote según el orden de Melquisedec, y sí era un altísimo honor ser sumo sacerdote según el orden de Leví aquí en la tierra, imagínate ser sumo sacerdote según el orden de Melquisedec en el santuario celestial. Dios honra a los que le honran.

Creo que Dios tiene preparadas grandes bendiciones y altos privilegios para aquel que está dispuesto a decirle de corazón sincero: "Hágase tu voluntad y no la mía". Dios sigue buscando corazones más interesados en los propósitos divinos, que en los propios.

Jesús es nuestro más grande ejemplo, es nuestro modelo a seguir y es hermoso ver como en su humanidad, en su momento de mayor tristeza, buscó a Dios en oración y rindió su voluntad a la del Padre celestial, y Dios no lo decepcionó. De igual manera podemos confiar en la buena voluntad del Señor.

c) El eterno sumo sacerdocio de Cristo

Melquisedec es Cristo, sacerdote eterno.

Hebreos 7:1-4 "Porque este Melquisedec, rey de Salem, sacerdote del Dios Altísimo, que salió a recibir a Abraham que volvía de la derrota de los reyes, y le bendijo, a quien asimismo dio Abraham los diezmos de todo.

Cuyo nombre significa primeramente Rey de Justicia, y también Rey de Salem, esto es, Rey de paz; sin padre, sin madre, sin genealogía, que ni tiene principio de días, ni fin de vida, sino hecho semejante al Hijo de Dios, permanece sacerdote para siempre. Considerad, pues, cuan grande era éste, a quien aún Abraham, el patriarca dio diezmos del botín".

Aunque el escritor ya ha hecho mención diciendo que Cristo es el eterno sumo sacerdote según el orden de Melquisedec, ahora este tema se expone con mayor precisión. Esto es sin duda el alimento sólido del cual habló anteriormente y el cual conduce a la madurez espiritual.

Este pasaje trae a colación el encuentro ocurrido en Génesis catorce entre Abraham y Melquisedec. El nombre Melquisedec significa "rey de Justicia" además nos dice "rey de Salem" es decir rey de paz. Ya que es el rey de justicia y paz, es una manifestación mesiánica.

Al presentársele como sacerdote del Dios Altísimo, y quien recibió de Abraham los diezmos de todo, vemos que nos habla de un sacerdocio diferente y anterior al levítico.

Nos enseña además este pasaje que Melquisedec no tiene principio ni fin, sin padre ni madre, asunto inusual pues vemos en la Escritura que figuras tan importantes como el sacerdote contaba siempre con su genealogía, pero él fue establecido divinamente y para siempre.

El sacerdocio de Cristo es superior al levítico. Hebreos 7:5-10.

El sacerdocio levítico fue instruido por Dios mediante el mandamiento de recibir de sus hermanos el diezmo, mientras que Melquisedec (no sacerdote levítico) recibió los diezmos de Abraham antepasado de Leví. Tan grande es Melquisedec que bendijo a Abraham, y como el menor es bendecido por el mayor, esto expone la posición significativa de Melquisedec.

Los diezmos recogidos por el sacerdocio levítico los recibían hombres que mueren, mientras que Abraham pagó su diezmo a uno que vive para siempre, indicando así un sacerdocio superior. Es más, el mismo Leví le diezmó a Melquisedec, pues ya estaba en los lomos de Abraham.

El sacerdocio levítico fue cambiado por el sacerdocio según el orden de Melquisedec. Hebreos 7:11-17.

El oficio del Señor Jesús como Sumo sacerdote fue superior al que tuvo cualquiera de los sacerdotes de la tribu de Leví, y esto se debe a que el Mesías es un sacerdote que pertenece a un rango superior, como lo dice Salmos 110:4.

Por eso es que debemos reflexionar y preguntarnos: Si los sacerdotes judíos y sus leyes hubieran tenido la capacidad de salvar a las personas, ¿por qué Dios necesitó enviar a Jesucristo como sacerdote, quien además no vino de la tribu de Leví (tribu llamada al sacerdocio), sino de la tribu de Judá?

Esto se debe a que los sacrificios de animales tenían que repetirse una y otra vez, y ofrecían sólo un perdón momentáneo; pero el sacrificio del Señor Jesucristo fue ofrecido una sola vez y para siempre, este sacrificio otorga perdón total y constante. Por eso bajo el nuevo pacto, el sacerdocio levítico fue anulado en favor del oficio de Jesucristo como nuestro Sumo Sacerdote.

Jesús mismo es la garantía de un mejor pacto. Hebreos 7:18-22.

La ley del Antiguo Testamento no tenía el propósito de salvar al ser humano, sino señalar el pecado y proclamar a Jesucristo. La salvación viene a través de Jesús, cuyo sacrificio en la cruz nos da perdón para el pecado.

La Biblia nos enseña aquí que se conoce este "mejor pacto" como el nuevo pacto. Es nuevo y mejor pues nos permite ir a Dios directamente a través de Jesucristo, sin tener que depender del sacrificio de animales ni de la mediación de los sacerdotes humanos para obtener el perdón de nuestro Dios.

Este nuevo pacto sin duda es mejor porque mientras que todos los sacerdotes humanos mueren, el Señor Jesucristo vive para siempre. Los sacerdotes y los sacrificios del Antiguo

Testamento no podían salvar al ser humano, pero Jesucristo realmente es nuestro Salvador.

Cristo sacerdote perfecto para siempre. Hebreos 7:23-28.

El Señor Jesús es quien satisface nuestra gran necesidad como sumo sacerdote; primero porque él es santo, inocente, puro. El Maestro permaneció en obediencia a Dios Padre durante toda su vida, en medio de obstáculos, oposición y pruebas. Como sumo sacerdote sin falta, el Señor Jesús se sacrificó por los pecados del pueblo una vez y para siempre.

A diferencia de los sumos sacerdotes del judaísmo, el Señor Jesús no tiene la necesidad de cada día presentar sacrificios, ni por sus propios pecados, pues él es puro.

La Biblia nos enseña que la ley de Moisés designaba como sumos sacerdotes a hombres débiles, pero el juramento del Salmo 110:4 establece que el Hijo es sumo sacerdote de un orden diferente y celestial.

d) Un reino de sacerdotes.

A través de la televisión y otros medios podemos ver la pompa de los reyes actuales, y en la historia igualmente podemos ver la de los reyes pasados. La Biblia misma nos habla por ejemplo de la sabiduría y abundancia en tiempos del rey Salomón. Dios también está llamando a Su pueblo a ejercer aquello que les ha entregado.

Las riquezas más grandes no son las cosas materiales, sino los privilegios celestiales (Salomón descuidó este principio, y por eso perdió los privilegios celestiales y la gran prosperidad que tenía). Por eso Jesús nos recuerda: "Buscad primeramente el reino de Dios y su justicia, y lo demás vendrá por añadidura".

Texto bíblico: Éxodo 19:1-6.

El monte Sinaí es símbolo de revelación de Dios.

Éxodo 19:1-4 "En el mes tercero de la salida de los hijos de Israel de la tierra de Egipto, en el mismo día llegaron al desierto del Sinaí. Habían salido de Refidim, y llegaron al desierto de Sinaí, y acamparon en el desierto; y acampó allí Israel delante del monte.

Y Moisés subió a Dios; y Jehová lo llamó desde el monte, diciendo: Así dirás a la casa de Jacob, y anunciarás a los hijos de Israel: Vosotros visteis lo que hice a los egipcios, y cómo os tomé sobre alas de águilas, y os he traído a mí".

Aproximadamente tres meses después de haber salido de Egipto, el pueblo de Israel acampa junto al monte Sinaí, y

Moisés sube a hablar con el Señor. Aquí Dios dará a Moisés la revelación de Su plan con Israel, y lo que espera de Su pueblo.

En la cima de este monte, Dios muestra el diseño para Su tabernáculo, para el sacerdocio, para las ofrendas y el orden para marchar por el desierto. Podemos entonces ver en el monte Sinaí una figura o símbolo de la revelación de Dios para sus hijos.

Este pasaje de la Biblia contiene diversas y grandes enseñanzas para nosotros como pueblo de Dios hoy día.

La obediencia empieza en el oído y se concreta en el corazón.

Éxodo 19:5 "Ahora, pues, si dieres oído a mi voz, y guardaréis mi pacto, vosotros seréis mi especial tesoro sobre todos los pueblos; porque mía es toda la tierra".

El versículo cinco inicia con la expresión: "si dieres oído a mi voz, y guardareis mi pacto", frase que nos permite ver un condicional de Dios. Debemos considerar que en el Nuevo Testamento se nos revela la gracia de Dios en Jesucristo, Su amor y gran misericordia.

Sin embargo, todo esto, no excluye ni elimina la santidad de Dios, quiero decir, él no quebrantará Sus propias leyes, ni pasará por alto Su propia palabra, la gracia de Dios en el Nuevo Testamento no es libertad para desobedecer al Señor, ni licencia para hacer lo malo ante Sus ojos.

La gracia de Dios es un llamado más alto a "andar como es digno de Aquel que nos llamó por Su gracia", es un nivel de poder más fuerte dado a los hombres en el Nuevo Testamento para vivir una vida agradable a Dios.

"Si dieres oído a mi voz y guardareis mi pacto", es muy interesante tener presente, que en el idioma hebreo la palabra "obediencia" es traducida del término "shamá" que significa, primeramente: oír, escuchar, atender.

También se traduce: obedecer. Es un oír con propósito, es un oír con el corazón. Es un oír con el deseo de saber para obedecer. Entonces oír es la primera fase y decidir obedecer es la segunda.

Debemos reflexionar en la expresión: "seréis mi especial tesoro", pues ésta frase desde el idioma hebreo también traduce: "posesión única" (no hay otra como ésta), "riqueza exclusiva" (tesoro que sólo lo tiene Dios) y "tesoro personal" (es de altísimo valor y de su propiedad).

Podemos aquí preguntarnos ¿Cuán grandes, múltiples y hermosos son los tesoros del cielo? Sin embargo, el Señor expresa: "ustedes serán mi tesoro especial sobre todos los pueblos de la tierra".

Entonces, no importa "la noble cuna", o si corre por tus venas "sangre azul", tampoco es importante "el estrato social en el que vives", o si tu documento de identidad te acredita como ciudadano del "país más desarrollado del planeta", si tú eres hijo de Dios entonces perteneces al más noble linaje, a la más rica y poderosa familia del universo, y tu padre no es un rey terrenal, tu Padre es Dios mismo, y tu ciudadanía es celestial.

Surge entonces la pregunta: ¿por qué eres de tanto valor? Porque fuiste redimido o comprado con la sangre de Jesucristo, valor que no puede compararse con las más grandes riquezas del mundo o del universo.

Dios dio su más grande tesoro por ti, él dio a su Hijo Jesucristo para redimirte entre todos los pueblos y linajes de la tierra. Este es el amor de Dios, pues "De tal manera amó Dios al mundo que dio a su Hijo unigénito para que todo aquel que en el crea no se pierda más tenga vida eterna".

Dios quiere un reino de sacerdotes. Éxodo 19:6

"Y vosotros me seréis un reino de sacerdotes, y gente santa. Estas son las palabras que dirás a los hijos de Israel".

Ahora el Señor revela su propósito con el pueblo: "me seréis un reino de sacerdotes, y gente santa". Es interesante ver cómo Dios describe aquí la naturaleza del reino, también la calidad y gestión de sus ciudadanos.

Al predicar el reino de Dios debemos cuidarnos para no hacer demasiado énfasis en la bendición "material", creo que el Señor nos quiere prosperar en todas las cosas, pero lo material es una faceta del mensaje, y no el objetivo principal. Reflexionemos ahora en el significado de éstas dos declaraciones: "sacerdotes" y "gente santa"

Sacerdotes, del hebreo "Kojén": uno que oficia, ministro, mediador. Es aquella persona que ministra a Dios, es decir que sirve al Señor y a su iglesia, es aquel(la) que intercede por el pueblo de Dios, es uno(a) que camina hasta llegar al trono del Señor.

En el Antiguo Testamento el sacerdote levítico era algo muy importante, tanto que Dios dedico un libro entero respecto a este tema: el libro de Levítico (llamado también "el manual del sacerdocio").

El sacerdote servía en el tabernáculo (en el desierto) y luego en el templo (en Jerusalén), intercedía por el pueblo, enseñaba la Ley del Señor y consultaba a Dios. Entonces como sacerdotes de Dios debemos ser: adoradores, intercesores, habita en Su presencia (comunión con él), y ejercer un servicio genuino y por amor.

Hebreos 5:7-10. Jesucristo es hoy día nuestro Sumo sacerdote (según el orden de Melquisedec y no del orden levítico, pues no sería posible que fuéramos sacerdotes para Dios hoy día), él habita en la presencia de Dios Padre, intercede por nosotros, ministra (sirve a Su iglesia), en vida lavó los pies a sus discípulos y resucitado preparó y sirvió el pescado a sus cansados y desanimados apóstoles.

Jesús es nuestro mejor ejemplo, él es nuestro sumo sacerdote, "sumo" término que significa: jefe de los sacerdotes, sacerdote principal. Esto nos enseña que, aunque somos sacerdotes como él, Jesús sigue siendo Señor, él es el más importante.

Gente santa, el término santo es traducido de la palabra hebrea: "cadosh" que traduce, además: sagrado, consagrado, dedicado, puro. Hablamos entonces de personas consagradas a Dios, esto nos habla de un llamado a la honestidad, a la pureza, a la integridad, a la rectitud. Es apartarnos de aquello que desagrada al Señor, y optar por la voluntad de Dios, es vivir para él.

El Señor no cambia, por eso sus planes permanecen para siempre. Dios te ama, y te ha llamado para un propósito grande y especial, él te cuida como su "especial tesoro", te conduce a tu destino por el camino de la integridad.

No te desanimes, él es Dios todopoderoso, y cuenta con tu disposición para transformar tu corazón y hacer de ti un instrumento para mostrar su gloria en la tierra.

Origen de la vida y de la creación desde la Biblia:

La Sagrada Escritura comienza diciendo: "En el principio creó Dios los cielos y la tierra" Génesis 1:1.

El libro de Génesis nos describe los comienzos de la creación, de la humanidad y el inicio del pueblo hebreo. De igual manera nos relata cómo comienza a desarrollarse el plan de redención de la humanidad.

Los libros del pentateuco (o cinco primeros libros de la Biblia) por lo general llevan el nombre de la primera frase con que comienza dicho libro. En el caso del primer libro que comienza diciendo "en el principio" se le llamó "Génesis" que significa: comienzos.

Estos eventos fueron revelados por el Espíritu Santo a Moisés quien escribía bajo la inspiración divina, sin duda una experiencia sobrenatural y hermosa, ya que Dios le enseñaba cosas mucho tiempo antes de que él viviera.

Estas primeras palabras con las que comienza la Biblia nos permiten ver también a Dios en esa continua labor de enseñanza y procurando revelar al hombre su origen, tema que inquieta mucho al ser humano. La Biblia contiene la respuesta a aquellas preguntas que la humanidad se ha hecho a lo largo de su existencia:

¿De dónde vengo? ¿Para dónde voy? ¿Por qué existo?

En primer lugar, debemos considerar lo que el primer versículo nos enseña. El término "principio" se traduce aquí de la palabra hebrea "reshít", la cual nos habla del inicio o comienzo de un periodo determinado. Vemos entonces que esta palabra indica el comienzo de una nueva etapa en los propósitos divinos.

El tiempo en el que nosotros nos movemos es diferente a la eternidad de Dios. La creación dio comienzo a un nuevo periodo, y cuando tratamos de mirar más atrás, es decir antes de Génesis 1:1, nuestra mirada se pierde, pues allí aparece la eternidad divina, y acerca de ésta sabemos lo que el Señor por la Biblia nos revela.

Entonces la expresión "en el principio" nos habla del inicio de la existencia de nuestro mundo y el universo, pues nuestro Dios es eterno y habita la maravillosa eternidad.

La frase "En el principio" es una expresión que nos lleva a miles y miles de años atrás, época o tiempo que limita con la eternidad, pero que el Espíritu Santo nos revela y enseña de manera sencilla y clara.

Quisiéramos encontrar la respuesta a todas nuestras inquietudes, sin embargo, debemos tener presente que la Biblia es ante todo un mensaje de salvación.

Por eso la misma Biblia nos dice: "Y muchas otras señales (milagros) hizo también Jesús en presencia de Sus discípulos, que no están escritas en este libro; pero éstas se han escrito para que ustedes crean que Jesús es el Cristo (el Mesías), el Hijo de Dios; y para que, al creer tengan vida en Su nombre" Juan 20:30-31.

El universo creado.

Génesis 1:1, primeras palabras de la Biblia que nos dicen: "En el principio creó Dios", las palabras "creo Dios" son muy importantes aquí, pues nos revelan la obra divina, quiero decir fue el Señor mismo quien actuó de manera sobrenatural y poderosa, fue él quien diseñó y constituyó el universo.

Por tanto, la creación es una muestra del poder de Dios, de su amor por la humanidad y de su completa soberanía.

La palabra "creó" nos lleva a reflexionar en el gran poder creador de nuestro Dios. La Biblia nos enseña que él creo el universo. La acción "crear" es un atributo o facultad que sólo tiene Dios. Es muy importante considerar aquí en detalle varios elementos que son fundamentales:

El término "Crear" en Génesis 1:1 es traducido de la palabra hebrea "bara", que en el texto de las Sagradas Escrituras sólo se usa cuando el sujeto es Dios. Es una virtud o capacidad exclusivamente divina. No hay ningún otro ser o persona que puede crear. Por eso no somos el resultado de una evolución, sino que somos obra de las manos del Dios Creador y Todopoderoso.

Somos una obra de las manos de Dios. El Señor con su poder y grandeza nos hizo a su imagen y semejanza, desea compartir su amor y grandeza con todos sus hijos.

El texto en Génesis 1 nos dice también que: "creó Dios los cielos y la tierra". Podemos ver entonces que dice "los cielos", es un término en plural que nos muestra que Dios creó varios cielos y la tierra.

Si consideramos la tierra y su diversidad, su estructura material física, su maravilloso equilibrio natural, su interesante composición y unidad, su gran belleza, sus movimientos perfectos y sincronizados con el resto del sistema solar (de traslación y rotación), sus maravillas naturales y únicas, y sí además pensamos en todo el universo, todo esto nos permite observar el gran poder de nuestro Dios, lo que nos deja maravillados, por esa grandeza y majestad nos cuesta trabajo comprender y asimilar las grandezas del tercer cielo.

El apóstol Pablo en la Segunda Carta a los Corintios (Capítulo doce) nos dice que él fue llevado (arrebatado) al tercer cielo, puntualmente al paraíso (región o espacio donde pudo escuchar palabras inefables que no puede el hombre expresar). 1 Corintios 12:1-5.

Las Sagradas Escrituras nos permiten ver en parte la dinámica de vida en el tercer cielo (nos habla del ambiente, la gran diversidad de seres angelicales, los seres redimidos, la ciudad celestial, etc), pero desde Génesis 1:1 la historia bíblica se enfoca en nuestro planeta, donde se desarrolla el plan de salvación y la revelación del Señor para la humanidad.

Según Génesis 1 la tierra estaba desordenada y vacía. Ante toda esta circunstancia el Señor empieza a reacomodar y preparar el espacio para el ser humano.

Es muy interesante ver que, aunque la tierra se encontraba en un estado de caos y tinieblas, el Señor empezó a transformar la situación, así es nuestro buen Dios, él transforma las cosas y vuelve a traer orden a cada una de nuestras vidas.

La Biblia nos enseña que el Espíritu de Dios se movía sobre las aguas: "Y la tierra estaba desordenada y vacía, y las tinieblas estaban sobre la faz del abismo, y el Espíritu de Dios se movía sobre la faz de las aguas. Y dijo Dios: Sea la luz; y fue la luz" Génesis 1:2-3.

Debemos considerar en primer lugar la condición de nuestro planeta a la luz del texto de hoy. Nos dice la Escritura que la tierra estaba: "desordenada y vacía" estos términos desde el idioma hebreo también significan: "desolada y sin orden".

En otras versiones bíblicas encontramos, por ejemplo: N.V.I. "la tierra era un caos total, las tinieblas cubrían el abismo" y la versión D.H.H. "la tierra no tenía entonces ninguna forma, todo era un mar profundo cubierto de oscuridad".

Todo esto nos permite ver a una tierra en desorden o ausencia de orden. También vemos desolación y soledad. Hay tinieblas. Tengamos en cuenta que el abismo en hebreo hace referencia a la masa de agua o aguas profundas, indica fuente de aguas subterráneas.

Como podemos ver la imagen del planeta tierra a la luz de estas palabras era oscura, sin árboles, revestida de grandes masas de agua, y sin seres que la habiten.

Algunos eruditos de la Escritura concluyen que esta condición se originó en el "diluvio luciferino" (exponen que esto es fue el juicio divino por la rebelión del diablo y sus ángeles, cuando fueron expulsados del cielo), lo que provocó el desorden y caos en la tierra que el Señor había creado.

Sea cual sea la razón de la condición de la tierra según el versículo 2 (la obra satánica o una fase en el proceso de la creación divina), vemos en este escenario que Dios comienza a intervenir para establecer su orden, su voluntad y naturaleza, para restauración y preparación del escenario donde será creado y establecido el hombre.

Factores fundamentales en la creación de la tierra:

Es muy importante que veamos aquí los agentes de restauración en la tierra que la Biblia nos revela, pues Dios no cambia, él sigue siendo el mismo:

1. El Espíritu de Dios, Génesis 1:2b

"y el Espíritu de Dios se movía sobre las aguas".

La frase "Se movía" se traduce del término hebreo "rakjaf", que significa, además: empollar, revolotear, moverse.

Implica la acción de un ave cuando cubre y calienta los huevos de los futuros polluelos.

Nos habla de la acción del Espíritu Santo preparando el escenario y organizando el ambiente de la acción de Dios; esto nos recuerda que también el Espíritu Santo vino sobre María antes de nacer Jesús de Nazaret, y también vino sobre nosotros para nacer de nuevo en Cristo. Definitivamente es el Espíritu de Vida.

2. La poderosa Palabra de Dios, Génesis 1:3a "Y dijo Dios".

Las Sagradas Escrituras nos enseñan que la palabra del Señor es viva y eficaz; también nos dice que somos renacidos por la palabra del Señor que vive y permanece por todos los siglos; es una palabra que da vida; es nuestro alimento, es decir nutre nuestra vida espiritual.

Es muy interesante, ver que cuando el profeta Ezequiel observa el valle de los huesos secos, el Señor le dijo: "profetiza y di: Huesos secos, oíd palabra de Jehová, así ha dicho Jehová el Señor: He aquí yo hago entrar espíritu en vosotros, y viviréis". Es una maravilla ver la obra poderosa y eterna que en conjunto desarrollan el Espíritu Santo y la Palabra del Señor.

La palabra de Dios corrige e ilumina nuestras decisiones, es aquella que nos alimenta y edifica; por tanto, debemos bendecir y amar esa maravillosa palabra. Por eso vemos también que el salmista dijo: "Lámpara es a mis pies su palabra, y lumbrera a mi camino", es la palabra de Dios la que nos lleva a tomar decisiones correctas.

3. La resplandeciente luz de Dios, Génesis 1:3b "sea la luz, y fue la luz".

Es la primera luz sobre la faz de tierra, ya que la luz de las estrellas y del mismo sol, viene a aparecer en el cuarto día de la creación, según Génesis 1:14-19

"Dijo luego Dios: Haya lumbreras en la expansión de los cielos para separar el día de la noche… y para alumbrar sobre la tierra. Hizo Dios la lumbrera mayor para el día y la lumbrera menor para la noche, hizo también las estrellas… Y fue la tarde y la mañana del día cuarto".

La luz del Señor difiere de la luz del sol o de las estrellas, también es diferente a la artificial o a la demoniaca, ya que esta luz de Dios no sólo ilumina, también resplandece haciendo que las tinieblas retrocedan; además no solo permite ver, también trae revelación, luz para discernir, es decir, nos permite comprender las grandes verdades de Dios.

Es el Señor quien trae orden de verdad a cada vida, es él quien realmente restaura y trae Su luz, la cual nos ayuda a comprender sus designios y caminos, y nos da la capacidad para observar y alcanzar lo que él ha diseñado para cada uno de sus hijos.

En respuesta a la palabra que Dios pronunció aparece la luz, ésta es la luz de Dios mismo que resplandece. El Señor Jesús dijo: "yo soy la luz del mundo", es Su luz la que necesitamos cada día de nuestra vida, ante esta luz las tinieblas son esparcidas, los poderes demoniacos retroceden, es ésta luz la que saca a los prisioneros de los oscuros calabozos de la aflicción y la muerte, es la luz que brilló para salvación de los hombres.

Textualmente Jesús dijo: "Yo soy la luz del mundo; el que me sigue, no andará en tinieblas, sino que tendrá la luz de la vida" Juan 8:12. Entonces, podemos pensar en que esa primera luz que resplandeció fue la del Señor Jesucristo.

Definiendo los términos: Creación y formación.

Nos dice la Biblia en Isaías 43:1 "Ahora, así dice Jehová, Creador tuyo, oh Jacob, y Formador tuyo, oh Israel: No temas, porque yo te redimí; te puse nombre, mío eres tú".

Comentario: El Profeta Isaías nos enseña el uso de las dos palabras: <u>creación</u>, traducción de la palabra hebrea "bara" y es un verbo que expresa creación de la nada y en las Sagradas Escrituras se usa sólo para el Señor, este término ("bara") sólo se usa en la Biblia cuando el sujeto es Dios; y <u>formación</u>, traducción del término hebreo "yatsár" y significa, además: moldear, "Yatsar" es un término técnico de alfarería y se usa a menudo en relación con la labor del alfarero.

El vocablo se usa a veces con el significado general de «artesanía o manualidad», incluyendo molduras, tallados, esculturas y fundición, hablamos de un proceso sistemático que concluye en un resultado diseñado de antemano por el alfarero. Lo cual nos habla de la obra de Dios en cada uno de nosotros.

Dios es nuestro creador y formador (es decir, él nos hace y nos moldea), nos dice el libro del profeta Isaías 44:21

"Acuérdate de estas cosas, oh Jacob, e Israel, porque mi siervo eres. Yo te formé, siervo mío eres tú; Israel, no me olvides".

Una vez más el Señor nos recuerda que somos de él por cuanto nos creó y nos salvó. Con su gran amor y poder, no sólo nos cuida, sino que cada día con su mano poderosa nos da la forma que él quiere de acuerdo a su plan o propósito. Por toda esa cuidadosa y paciente labor debemos cuidarnos de no olvidar todos sus beneficios.

Elohim en el principio de todas las cosas:

En Genesis 1:1, la Biblia para mencionar a Dios usa en el idioma hebreo bíblico el término "Elohim", es decir: "En el principio creó Dios (*Elohim*) los cielos y la tierra".

La palabra "Elohim" se traduce en nuestras versiones bíblicas como "Dios" en un número gramatical singular, pero esta palabra en el idioma hebreo se traduce en plural, Elohim viene ser el plural de Dios (Diccionario Strong: dioses, en el sentido ordinario de la palabra).

De esta manera, lo que estamos viendo aquí, es la manifestación escrita que nos enseña que la Trinidad estaba presente y gestionando la labor creadora del universo.

Esto es el testimonio de la acción de la Trinidad en éste gran proyecto. El Padre, el Hijo y el Espíritu Santo, participaron activamente en el diseño y constitución de todas las partes que vinieron a conformar ésta hermosa y sin igual creación.

Anexo 3: El Edén y sus enseñanzas. Adán y Eva.

Cuando Dios creó al hombre y a la mujer los bendijo, y les delegó la administración y gobierno de la tierra. Fue la primera familia de seres humanos sobre este planeta, rodeados de la gloria y bendición de Dios.

Lamentablemente, ellos tomaron malas decisiones, por eso es tan importante, depender del Señor y seguir su consejo, cuando esto hacemos el resultado es maravilloso.

Dios le encomienda a Adán el huerto de Edén (Génesis 2:8, 10, 15).

"Y Jehová Dios plantó un huerto en Edén, al oriente, y puso allí al hombre que había formado… Y salía de Edén un río para regar el huerto, y de allí se repartía en cuatro ramales… Tomó, pues, Jehová Dios al hombre, y le puso en el huerto de Edén, para que lo labrara y lo guardase".

Significado de palabras importantes. A la luz del tema que estudiamos hoy son significativos los términos que componen la frase "huerto de Edén":

"Huerto": jardín hermoso, abundante y fecundo.

"Edén": delicia, cosa refinada, cosa deliciosa. Implica buena vida.

Podemos concluir que, aquel lugar tenía un hermoso diseño, su ambiente era de abundancia y multiplicación. Además, y sin duda, según Génesis 3:8, lo más importante y valioso de todo era que allí "se paseaba Jehová Dios".

Según el versículo 15 de Génesis 2 el hombre debía "labrar y guardar" el huerto.

Es muy importante definir aquí, cuales eran las funciones y responsabilidades de Adán, pues de esto dependía su buena administración y la bendición para toda su casa. Veamos el significado de estas palabras desde el original hebreo:

"Labrar": traducida del hebreo "abad" significa, además: trabajar, cultivar, arar, ministrar, servir.

"Guardar": traducida del hebreo "shamar" que además significa: cercar alrededor, cuidar, proteger, vigilar.

Entonces, además de labrar o trabajar en el huerto del Edén, Adán debía protegerlo o cuidarlo del enemigo (Dios sabía que el enemigo vendría). La mejor manera de guardar el Edén era guardando la palabra que Dios les había dado, y fue precisamente eso lo que el enemigo atacó.

El diablo accede a la mente de Eva mediante las palabras de la serpiente.

Génesis 3:1-5 "Pero la serpiente era astuta, más que todos los animales del campo que Jehová Dios había hecho; la cual dijo a la mujer: ¿Conque Dios os ha dicho: ¿No comáis de todo árbol del huerto?

Y la mujer respondió a la serpiente: Del fruto de los árboles del huerto podeos comer; pero del fruto del árbol que está en medio del huerto dijo Dios: No comeréis del él, ni le tocaréis, para que no muráis.

Entonces, la serpiente dijo a la mujer: No moriréis, sino que sabe Dios que el día que comáis de él, serán abiertos vuestros ojos, y seréis como Dios, sabiendo el bien y el mal".

Aquí vemos en buena medida las estrategias de las tinieblas:

El enemigo planeó (Recordemos que la Biblia nos dice: "no podemos ignorar sus maquinaciones") como llegar a la pareja del Edén. Recordemos que Dios le encomendó a Adán no sólo trabajar en el huerto, sino cuidarlo y protegerlo.

Pero, las tinieblas hallaron un espacio por donde ingresar no sólo al huerto, sino a la mente y luego al corazón de Eva y por ella llegar a la voluntad de Adán.

<u>El medio fue la serpiente</u>, representa a cualquiera (persona natural o espiritual) que mediante negocios, ofertas, insinuaciones, consejos, conversaciones o imposiciones quiere llevar al hijo de Dios a desobedecer las palabras del Señor.

<u>El instrumento fue la palabra</u>, la Biblia nos revela el poder de la palabra. Sabiendo esto el enemigo usa la palabra como dardos para lanzar duda, incredulidad, resentimiento, enemistades, y mediante el engaño (La Biblia en Apocalipsis llama al diablo "la serpiente antigua, el cual engaña al mundo entero") forma imágenes mentirosas para desvirtuar la palabra de Dios, en el caso de Adán y Eva les hizo creer que si desobedecían a Dios todo iba a salir bien e incluso mejor.

A la luz de este pasaje en Génesis 3 podemos ver algunos vacíos o espacios por donde el enemigo trabajó.

Adán debía guardar el huerto.

Uno de los significados de "guardar" es: cercar alrededor. También quiere decir: montar guardia. Podemos hacernos varias preguntas aquí para reflexionar:

¿Por qué Eva no logró identificar el enemigo?

¿Dónde estaba Adán mientras estos diálogos sucedían?

¿Quizá estaba Adán labrando el Edén, pero descuidó guardarlo?

¿Cuáles fueron aquellos espacios abiertos en el huerto?

¿Por cuál hueco del cerco, del vallado o del muro el enemigo entró?

Y podemos preguntarnos entonces ¿habrá espacios abiertos en nuestra casa, o en la relación de pareja, o con los hijos, o en nuestras finanzas? Pues tristemente esta pareja perdió las bendiciones del Edén y los privilegios que el Señor les había dado.

El huerto de Edén también representa hoy nuestro hogar, nuestra familia, nuestra casa, son las bendiciones o privilegios que Dios nos ha encomendado, y que no debemos descuidar.

Dios hace de los dos uno solo, es necesario cuidar el matrimonio en unidad y amor. Esto está determinado por la buena relación con Dios, pues él es la fuente del amor.

El Señor nos da la sabiduría para tomar decisiones correctas y rechazar lo que no viene del Señor, y seguir adelante hacia el propósito divino. Dios es fiel y siempre nos ayudará. A través de la oración podemos alcanzar grandes victorias en nuestra vida y para nuestra familia, Dios es fiel y Todopoderoso.

Es fundamental proteger nuestra familia.

Dios diseñó la familia como bendición para los hombres, para la continuidad de su simiente y para cumplir sus poderosos planes en la tierra.

Precisamente por eso las tinieblas atacan con fervor el diseño familiar establecido por Dios, pero el mismo Señor nos ha dado la autoridad y el poder para vencer los poderes que viene contra nuestra casa.

Identifica y cierra los posibles accesos del enemigo en tu casa.

Eclesiastés 10:8 "El que hiciere hoyo caerá en él, el que aportillaré vallado, le morderá la serpiente".

Destacamos la expresión: "el que aportillare vallado, le morderá la serpiente". Frase que otras versiones de la Biblia traducen como:

"El que derriba o daña el cerco, será mordido por la serpiente".

"El que rompe el muro, lo muerde la serpiente".

Mientras que vallado es cerco, muro, protección; aportillar es romper, abrir, dejar ruptura o grieta. Aportillar vallado es hacer o dejar un hueco o espacio en el cerco o muro.

Hablamos de aquellos espacios que dejamos abiertos en casa, aquellas puertas que abrimos sin intención quizá, pero que son aprovechadas por la serpiente.

Cantares 2:15 "Cazadnos las zorras, las zorras pequeñas, que echan a perder las viñas; porque nuestras viñas están en cierne".

Es muy importante fijarnos aquí en varios detalles:

La ocasión del libro: es posiblemente un conjunto de poemas entre el joven Salomón y su esposa la sulamita. El tema central es el amor conyugal.

Las zorras hacen referencia a aquellas cosas y actitudes que podían venir a dañar la maravillosa relación que estaban disfrutando.

La expresión "porque nuestras viñas están en cierne" quiere decir están floreciendo. Los primeros ramos de uva son alcanzados fácilmente por las zorras grandes, pero las pequeñas saltan dañando las flores y por lo tanto destruyen los futuros racimos de uvas.

Al ser pequeñas estas zorras entran por lo más pequeños huecos del cerco, y son difíciles de cazar. Su daño es enorme, tanto que dice la Biblia "echan a perder la viña".

La viña o huerto es nuestro matrimonio, nuestra familia, lo que Dios nos ha dado. Y el enemigo busca espacios o huecos por donde entrar a dañar la armonía en casa, el amor entre los esposos, la paz del hogar, la unidad con los hijos, etc. Por eso es tan importante llenarnos del amor de Dios para caminar en perdón y tolerancia.

Lo que Dios hizo con Adán y Eva, según Génesis 3:21.

"Y Jehová Dios hizo al hombre y a su mujer túnicas de pieles, y los vistió".

Dios hizo al hombre y a su mujer "túnicas de pieles". La palabra "túnicas" nos habla de protección, aquello que los cubriría del frio, de la lluvia, de los rayos del sol. Es necesario acudir a Dios en todo tiempo, morar a la sombra del Omnipotente, él es nuestro refugio, nuestro castillo, nuestro escudo y protección.

El hecho de que sean túnicas de pieles nos deja ver el primer sacrificio de animales, y que haya sido Dios quien las hizo, nos recuerda que es él mismo quien nos limpia de pecado y nos viste con su justicia en Cristo, por la sangre del Cordero hay perdón de pecados y es él quien dice: "He aquí yo hago nuevas todas las cosas".

¿Cuáles son aquellos espacios abiertos en casa? ¿Cuáles son esas pequeñas zorras en el hogar? Podemos identificar algunas:

Falta de perdón en casa (enemistades, rencores, conflictos, etc.).

Desorden en el hogar (cada uno por su lado, ausencia de presupuesto familiar.

ausencia de dialogo familiar y de pareja, violencia intrafamiliar, etc.).

Ausencia de tiempo de calidad con la familia.

Actividades ilícitas o cosas robadas en casa.

Ocultismo en la casa (instrumentos, imágenes, música, etc.).

Redes sociales e internet en oculto.

La poderosa sangre de Jesús nos limpia de pecado (esto indica arrepentimiento), su poder restaura familias, él repara lo que ha sido dañado, y por su autoridad y poder podemos en su Nombre sacar al enemigo de nuestra casa, y no permitir que la serpiente haga daño en nuestro hogar.

Mayor es el que está en nosotros que el que está en el mundo (esto nos recuerda la importancia de orar por nuestra familia y no desmayar, a su tiempo veremos la gloria de Dios).

Bosquejo Anexo: Adán y Eva.

Introducción: Dios es perfecto, sus diseños son una maravilla, pensemos por Ej, el Sol, que es una estrella, vida, luz, calor, pero también las células y la vida microscópica, él diseñó el matrimonio, él diseñó el hogar ¿cómo hacer qué funcione?

Título: Adán y Eva.

PRIVILEGIOS Y RESPONSABILIDADES DEL VARÓN:

El hombre debe amar a su mujer, Efesios 5:25,28.

El amor debe expresarse, Dios lo expresó enviando a su Hijo.

Amor verbal: palabras de valoración y reconocimiento, 1 Pedro 3:7.

Amor emocional: apoyo, compañía sobre todo en tiempos como el embarazo, crisis personales, proyectos individuales, anhelo de servir a Dios.

Amor físico: abrazos, caricias, besos.

El hombre tiene la responsabilidad de dirigir el hogar, Efesios 5:23.

Pensemos en algunos ejemplos de la Escritura:

Los patriarcas: Noé, Abraham, Jacob, fueron hombres de altar, quiero decir, hombres de comunión con Dios.

Tiene la responsabilidad de tomar decisiones (cabeza), en donde el consejo de la mujer es muy importante.

El esposo debe inspirar a los hijos, y a su esposa, así como Cristo inspira a la iglesia (lo ven orar, leer la Biblia, sirve a Dios, etc.).

El hombre es proveedor y protector del hogar, Efesios 5:29.

Nos dice la Biblia: "la sustenta y la cuida", esto significa, que como Cristo cuida su iglesia, él espera que cuidemos nuestras esposas, entonces hablamos de:

Provisión espiritual (intercesión por la familia).

Provisión emocional: consolar, animar, fortalecer, tiempos de recreación y descanso. Dios estableció un día de descanso.

Provisión material: un buen proveedor es un hombre trabajador, diligente, esforzado, no perezoso, ni vago.

Por creación, la mujer necesita seguridad y protección, cuando el varón no provee para la casa, puede aparecer la frustración en ella y choques, porque ella necesita un ambiente de seguridad y confianza.

PRIVILEGIOS Y RESPONSABILIDADES DE LA MUJER:

La mujer debe ser la ayuda idónea de su marido, Génesis 2:18.

¿Qué significa ayuda idónea?

"Ayuda" del hebreo *"Ezer"* significa: Cercar, rodear, asistir, auxiliar en momentos de crisis y dificultad. Este término se usa también en la Biblia cuando se desea la "ayuda" de Dios.

La palabra "idónea" se traduce en diferentes versiones bíblicas como: adecuada, complemento, semejante a él. Por tanto:

No murmures contra tu esposo.

No hieras su corazón con el menosprecio y frases inadecuadas.

La mujer sabia edifica, no destruye, pues destruir es obra de la mujer necia.

La mujer sabia anima y apoya a su esposo.

La mujer le debe sujeción a su marido, Efesios 5:22-24.

¡Qué es sujeción? El término griego usado en el texto bíblico es "jupotasso", que traduce: obediencia, sometimiento.

La sujeción no significa inferioridad. Por ejemplo, el Señor Jesús se sometió a la voluntad del Padre; lavó los pies de sus discípulos y esto no lo hizo inferior, por el contrario, lo engrandeció).

Somos iguales en esencia (hijos de Dios), pero diferentes en función (como el cuerpo nuestro, con diferentes órganos para diferentes funciones en pro del mismo cuerpo).

¿Por qué es difícil someterse?

Por traumas del pasado relacionados con la figura de autoridad.

Por el modelo del seno familiar donde crecemos.

Por un temperamento no sometido a Dios.

Por el orgullo del corazón... ("rebelión pasiva").

¿Cuál es la actitud ante los esposos que no conocen a Cristo? 1 Pedro 3:1-2, 6.

La mujer debe respetar a su marido, Efesios 5:33.

Respetar es darle el lugar que le corresponde.

Respetar es no callarlo ni avergonzarlo, menos en público.

Respetar es no sermonearlo durante todo el día. Ni darle órdenes como si fuera un muchacho.

Respetar es no desautorizarlo (no expongan sus diferencias delante de sus hijos).

En el hogar es fundamental el dialogo, tratar aún las cosas pequeñas, el mutuo perdón y con la ayuda de Dios convivir con gozo, tu pareja es un don de Dios, es un regalo de Dios.

Esperamos que este material haya sido de edificación y utilidad.